国家级职业教育规划教材
全国中等职业技术学校旅游服务与管理专业教材

导游实务

DAOYOU SHIWU

人力资源社会保障部教材办公室 组织编写

陈 宇◎主编

第二版

中国劳动社会保障出版社

简介

本教材介绍了导游服务和导游人员的基础知识，对团队导游服务、散客导游服务、导游人员服务技能、导游服务中特殊情况的处理及导游服务相关知识等内容进行了阐述。教材结构科学严谨，表现形式丰富，内容易学易懂，适于中等职业技术学校教学使用。

本教材由陈宇任主编，黄裕华任副主编，刘强、邢楠、高璟参加编写，周密主审。

图书在版编目(CIP)数据

导游实务/陈宇主编. —2 版. —北京：中国劳动社会保障出版社，2016
全国中等职业技术学校旅游服务与管理专业教材
ISBN 978-7-5167-2870-3

Ⅰ. ①导… Ⅱ. ①陈… Ⅲ. ①导游 - 中等专业学校 - 教材 Ⅳ. ① F590.63

中国版本图书馆 CIP 数据核字(2017)第 008455 号

中国劳动社会保障出版社出版发行
（北京市惠新东街 1 号 邮政编码：100029）
*
北京市科星印刷有限责任公司印刷装订 新华书店经销
787 毫米 × 1092 毫米 16 开本 9.5 印张 180 千字
2017 年 5 月第 2 版 2024 年12月第 8 次印刷
定价：18.00 元

营销中心电话：400-606-6496
出版社网址：http://www.class.com.cn
http://jg.class.com.cn

前　言

近年来，我国旅游业发展迅速，产业规模不断扩大，国家对旅游从业人员的职业素养和知识、技能水平提出了更高的要求。为了适应行业的发展以及职业学校教学的需求，我们对全国中等职业技术学校旅游服务与管理专业教材进行了修订。

在新一轮的教材修订工作中，我们收集了旅游企业对于技能型人才的具体要求以及学校使用教材的反馈意见，组织骨干教师与行业、企业专家进行充分研讨，确定重点做好以下几方面工作：

◆ 更新教材内容　根据旅游业的发展变化，补充有关旅游服务与管理的最新理念，以及在线预订、智能系统等互联网时代出现的新方法、新技术，更新与旅游有关的人文信息，使教材内容更加具有时代感和前瞻性。进一步加大技能训练的比重，在导游实务、旅行社业务等主要技能课教材中，更多地加入实践案例和操作指导，有助于学校开展一体化教学。同时，将职业道德、服务意识、礼仪规范等有机融入教学内容、课堂问答、课后训练等环节中，以加强对学生职业素质的培养。

◆ 提升教材表现力　通过设置"案例思考""知识链接""课堂讨论"等不同栏目，增加教材的亲和力，激发学生的学习兴趣。同时，尽可能多地以图表代替冗长的文字叙述，使教材更加生动直观，易于学习。

◆ 加强立体化资源建设　在修订教材的同时，补充开发配套的电子课件。电子课件可通过职业教育教学资源和数字学习中心（http: //zyjy.class.com.cn）免费下载。

本套教材的编写得到了有关省市人力资源和社会保障部门以及一批中等职业技术学校的大力支持，教材的编审人员做了大量的工作，在此，我们表示衷心的感谢！同时，恳切希望广大读者对教材提出宝贵的意见和建议。

人力资源社会保障部教材办公室

目 录

第一章　导游服务和导游人员 …… 1
第一节　导游服务 …… 2
第二节　导游人员 …… 9
第二章　团队导游服务 …… 21
第一节　接待准备 …… 22
第二节　迎接服务 …… 26
第三节　参观游览服务 …… 33
第四节　生活服务 …… 36
第五节　送站服务 …… 39
第六节　讲解员服务 …… 42
第三章　散客导游服务 …… 45
第一节　散客旅游概述 …… 46
第二节　散客服务程序 …… 50
第四章　导游人员服务技能 …… 57
第一节　导游人员心理服务技能 …… 58
第二节　导游人员协作服务技能 …… 62
第三节　导游人员语言技能 …… 68
第四节　导游人员讲解技能 …… 78
第五章　导游服务中特殊情况的处理 …… 89
第一节　常见疑难问题和事故的处理 …… 90
第二节　游客个别要求的处理 …… 114
第六章　导游服务相关知识 …… 129
第一节　入出境知识 …… 130
第二节　交通知识 …… 135
第三节　货币、保险知识 …… 140

第一章

chapter 1

导游服务和导游人员

导游服务是整个旅游服务过程中的灵魂，而导游人员又是导游服务的中心。导游人员的服务技能、服务效果和组织能力对游客的综合旅游感受会形成最直接的影响，导游人员提供的高质量导游服务可以让游客获得快捷、舒适、安全、便利的旅行体验，给游客留下愉快美好的印象。

学习目标

- 理解并掌握导游服务和导游人员的概念
- 熟悉我国导游服务的发展历程及导游人员的分类
- 了解导游服务的作用和导游人员的职责
- 了解导游人员的记分管理制度

第一节 导游服务

一、导游服务的概念及类型

1．导游服务的概念

导游服务是导游人员代表旅游企业接待或陪同游客旅行、游览，按照组团合同或约定的内容和标准向游客提供的旅游接待服务。具体来说，导游服务包括以下几层含义：

（1）导游人员须由旅游企业委派

提供导游服务的导游人员必须是旅游企业（包括旅行社和景区等）委派的，未受旅游企业委派的导游人员，不得私自接待游客。

（2）接待或陪同旅游是导游人员的主要业务

导游人员的主要业务是接待或陪同游客旅行游览。一般说来，多数导游人员是在陪同游客旅行、游览的过程中向其提供导游服务的，但也有些导游人员是在旅游企业设置的不同地点的柜台前接待游客，向游客提供旅游咨询，帮助游客联系和安排各项旅游事宜。他们提供的都是接待服务，不同的是，前者在出游中提供，而后者在出游前提供。

（3）导游人员须按标准服务

导游人员向游客提供接待服务时，对于团队游客必须按组团合同的规定和导游服务质量标准实施，对于散客则应按事前约定的内容和标准实施。导游人员不得擅自增加或减少甚至取消旅游项目，也不得降低导游服务质量标准。

课堂讨论

某公司在“五一”期间安排优秀员工去广西桂林旅游，该公司派熟悉桂林的员工小黎带队并负责安排出游员工在桂林的吃、住、玩等事宜。请问小黎提供的是导游服务吗？

2．导游服务的类型

导游服务的类型是指导游人员向游客介绍所游览地区或地点情况的方式。导游服务的范围广，内容复杂，就现代导游服务方式而言，大致可分为图文声像导游和实地口语导游两大类。

（1）图文声像导游

图文声像导游也称物化导游，是指为游客旅游提供指导的宣传品和旅游纪念品，包括不同形式的图文印刷资料和声像制品。具体包括：

1）导游图（见图 1—1）、交通图、旅游指南、景点介绍册页、画册、旅游产品目录等。

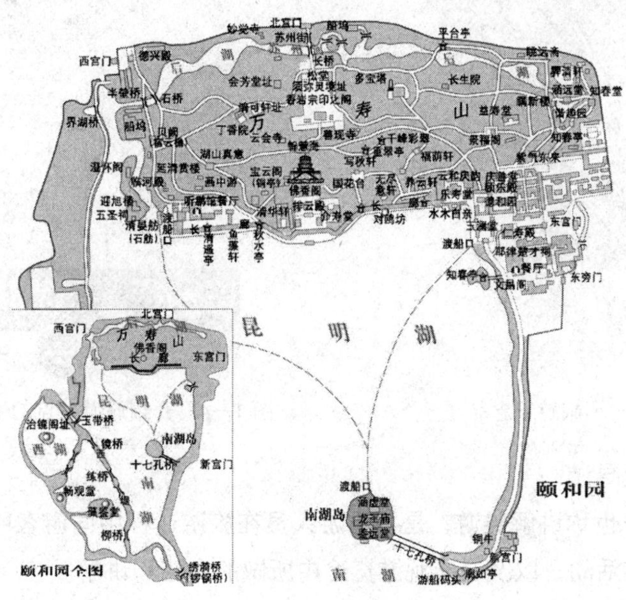

图 1—1 导游图

2）有关旅游产品、专项旅游活动的宣传品（见图 1—2）、广告、招贴及旅游纪念品（见图 1—3）等。

图 1—2 旅游宣传品

3）有关国情介绍、景点介绍的录音带、电影、幻灯片和光盘、手机应用程序（见图 1—4）等。

图 1—3　旅游纪念品

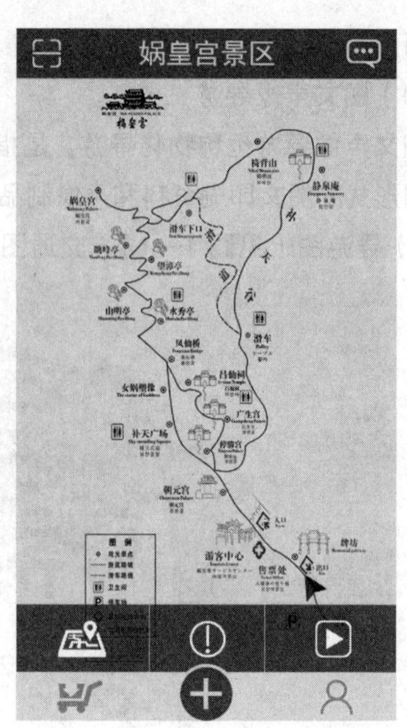

图 1—4　介绍旅游景点的手机应用程序

（2）实地口语导游

实地口语导游也称讲解导游，是指导游人员在旅游过程中向游客所做的介绍、交谈和问题解答等导游活动，以及在参观游览途中所做的介绍和讲解。

随着时代的发展和科学技术的进步，图文声像导游形象生动、便于携带和保存的优势将会进一步发挥，在导游服务中的作用会进一步加强。然而，同实地口语导游相比，图文声像导游仍然处于从属地位，只能起到减轻导游人员负担、辅助实地口语导游的作用。

3．导游服务的范围

导游服务范围是指导游人员向游客提供服务的领域，即导游人员业务工作的内容。导游服务工作繁重纷杂，服务范围很广，食、住、行、游、购、娱、入出境迎送、上下站联络、通信、医疗等，几乎无所不包。但归纳起来，导游服务大体可分为三大类，即导游讲解服务、旅行生活服务和市内交通服务，如图 1—5 所示。

（1）导游讲解服务

导游讲解服务包括游客在目的地旅游期间的沿途讲解服务、参观游览现场的导游讲解（见图 1—6）及座谈、访问和某些参观点的口译服务等。

（2）旅行生活服务

旅行生活服务包括游客入出境迎送、旅途生活照料、通信、安全服务以及上下站联络等。

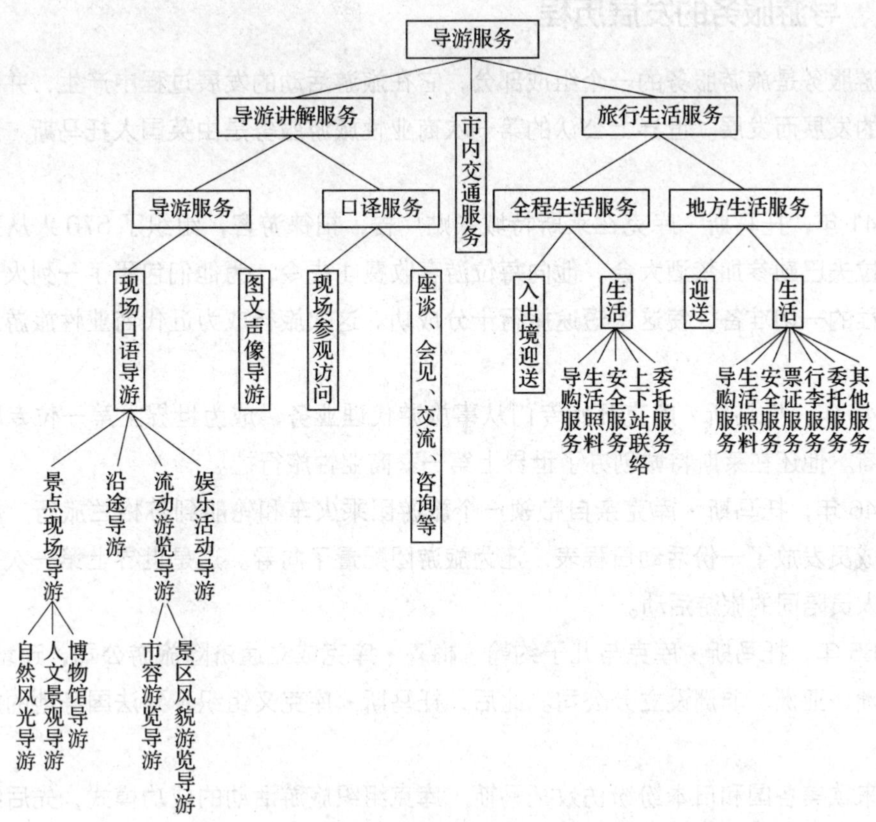

图 1—5 导游服务范围示意图

图 1—6 导游讲解服务

（3）市内交通服务

市内交通服务是指导游人员同时兼任旅游车驾驶员为游客在市内和市郊旅行游览时提供的驾车服务。

二、导游服务的发展历程

导游服务是旅游服务的一个组成部分，它在旅游活动的发展过程中产生，并随着旅游活动的发展而发展。世界上公认的第一次商业性旅游服务是由英国人托马斯·库克发起的。

1841 年，托马斯·库克在莱斯特城张贴广告，招徕游客，组织了 570 人从莱斯特城前往拉夫巴勒参加禁酒大会。他向每位游客收费 1 先令，为他们包租了一列火车，做好了行程的一切准备，使这次短途旅行十分成功。这次旅行成为近代商业性旅游活动的开端。

1845 年，托马斯·库克开始专门从事旅游代理业务，成为世界上第一位专职的旅行代理商。他还在莱斯特城创办了世界上第一家商业性旅行社。

1846 年，托马斯·库克亲自带领一个旅游团乘火车和轮船到苏格兰旅行。旅行社为每位成员发放了一份活动日程表，还为旅游团配置了向导。这是世界上第一次有商业性导游人员陪同的旅游活动。

1865 年，托马斯·库克与儿子约翰·梅森·库克成立通济隆旅游公司，迁址伦敦，并在美洲、亚洲、非洲设立分公司。此后，托马斯·库克又组织了到法国等地的旅游活动。

后来欧美各国和日本纷纷仿效托马斯·库克组织旅游活动的成功模式，先后组建了旅行社或类似的旅游组织，招募陪同或导游，带团在国内外参观游览。由此，导游队伍逐渐形成。第二次世界大战后，大规模的群众性旅游活动崛起并得到发展，使导游队伍迅速扩大。

同欧美国家相比，我国近代旅游业起步较晚。我国的导游服务和第一代导游人员出现于 1923 年 8 月上海商业储备银行的旅游部组建之时，至今经历了四个发展阶段，具体发展过程见表 1—1。

表 1—1　　我国导游服务发展过程

阶段	发展过程
起步阶段 （1923 年—1949 年）	1923 年 8 月，上海商业储备银行总经理陈光甫先生在其同仁的支持下，在该银行下创设了旅游部。1927 年 6 月，旅游部从该银行独立出来，成立了中国旅行社，其分支社遍布华东、华北、华南的 15 个城市。1935 年中外人士组建中国汽车旅行社，1936 年筹组了国际旅游协会，1937 年出现友声旅行团、萍踪旅行团、现代旅行社等。在此期间出现了第一批中国导游人员

续表

阶段	发 展 过 程
开拓阶段（1949 年—1978 年）	新中国成立后，我国旅游事业有了进一步发展。新中国第一家旅行社——华侨服务社于 1949 年 11 月在厦门筹建，12 月正式营业。1954 年 4 月 15 日，中国国际旅行社在北京西交民巷 4 号诞生，其后又在各地设立分支社，主要负责接待外宾，为外国人来华旅游提供方便，但不承担自费的接待任务。1960 年开始，随着我国国际关系的发展，海外游客逐年增多，我国的旅游事业有所开拓和发展。1964 年 6 月，国务院批准成立“中国旅行游览事业管理局”作为国务院直属机构，以加强对旅游事业的组织和领导。在此期间，我国的导游队伍逐渐形成，规模有二三百人，使用十几种语言。这个时期导游服务以外事接待工作的面貌出现，因此，从事导游服务的工作人员均称为翻译导游人员。他们对我国旅游事业的发展、创立中国导游风格、总结导游工作经验、扩大我国在国际旅游市场上的影响起到了重要作用
发展阶段（1978 年—1989 年）	实行对外开放政策后，大批海外游客涌入我国，国内旅游业蓬勃发展。1978 年，中国旅行游览事业管理局改名为“旅游事业管理总局”，各省、市、自治区都设立相应的旅游局。1980 年 6 月，中国青年旅行社总社成立。1984 年后旅行社外联权下放，全国各行业和地区性旅行社迅速发展。到 1988 年年底，全国形成了以中国旅行社、中国国际旅行社、中国青年旅行社为主干框架的近 1 600 家旅行社的体系，全国导游人员迅速扩大到 25 000 多人
全面建设导游队伍阶段（1989 年至今）	为了整顿导游队伍，使导游人员服务水平适应我国旅游业大发展的需要，1989 年 3 月，国家旅游局在全国范围内进行了第一次规模空前的导游资格考试，自此，我国每年举行一次全国性的导游资格考试。同年，“中国旅游报”等单位发起了“春花杯”导游大奖赛，以后又举办了多次全国导游大奖赛，这对提高我国的导游服务水平、推进导游工作规范化的进程做出了贡献，同时也标志着我国开始迈入全面建设导游队伍的阶段。1994 年国家旅游局为进一步加强导游队伍建设，决定对全国持有导游证的专职及兼职导游人员分等定级，划分为初级、中级、高级、特级四个级别。经过几十年的努力，我国已形成了一支由职业导游人员和兼职导游人员组成的专业队伍

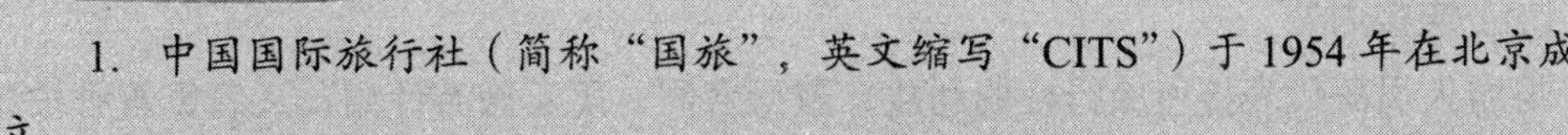

1. 中国国际旅行社（简称“国旅”，英文缩写“CITS”）于 1954 年在北京成立。

2. 中国旅行社（简称“中旅”，英文缩写“CTS”）于 1974 年在北京成立。1949 年 11 月在福建厦门成立的“华侨服务社”是中国旅行社的前身。

3. 中国青年旅行社（简称“青旅”，英文缩写“CYTS”）于 1980 年在北京成立。

随着社会的发展、科技的进步，导游服务也将不断发展和进步，未来的导游服务将呈现出内容高知识化、导游手段科技化、导游方法多样化、导游服务个性化等特点。

三、导游服务的作用

1. 主导作用

导游人员为游客提供的语言服务沟通了不同的文化，促进了不同民族之间的交流；导游人员提供的导游讲解服务帮助游客增长知识、加深阅历、获得美的享受；导游人员提供的生活服务帮助游客身心愉悦地投入游览活动去求新、求异。总之，导游服务贯穿旅游活动的始终，其作用举足轻重，也可以说，导游工作是旅游服务的代表性工种，导游服务是旅游各项服务中最为根本的服务，对旅游服务起主导作用。

2. 标志作用

导游服务是旅游服务质量高低的最敏感的标志。导游服务质量包括导游讲解质量、为游客提供生活服务的质量及各项旅游活动安排落实的质量。导游人员与游客陪伴始终、朝夕相处，游客对导游人员的服务接触最直接，感受最深切，对服务质量的反应最敏感。一般而言，如果导游服务质量高，可以弥补其他旅游服务质量的某些欠缺，而导游服务质量低劣却是其他旅游服务所无法弥补的。因此，旅游活动的成败更多地取决于导游服务质量。导游服务质量的好坏不仅关系到整个旅游服务质量的高低，甚至关系到国家或地区旅游业的声誉。

3. 纽带作用

导游服务是各项旅游服务的联系纽带和中间桥梁。旅行社与游客之间、旅行社与其他旅游企业之间的第一线联络员是导游人员，在旅游服务各环节之间相互协作、顾全大局方面，在沟通上下、内外、左右的关系方面，导游人员都发挥着巨大的作用。

（1）承上启下

导游人员代表旅行社执行旅游计划，为游客安排和落实食、住、行、游、购、娱等各项服务，并处理旅游期间出现的各种问题。同时，游客的意见、要求、建议乃至投诉，其他旅游服务部门在接待工作中出现的问题及建议、要求，一般也通过导游人员向旅行社或国家各级旅游管理部门传递。

（2）连接内外

导游人员既代表接待旅行社的利益，履行合同、落实旅游计划，又肩负着维护游客合法权益的责任，有权代表游客与各有关部门进行交涉，提出合理要求，对违反合同的行为进行干预。导游人员有责任向国外游客介绍中国，帮助他们尽可能多地了解我国的风土民情及国家的有关政策、法规等，同时也要进行调查研究，从游客那里了解国外的情况。

（3）协调左右

导游人员作为旅行社派出的代表，对饭店、餐馆、游览景区（点）、交通部门、商店、娱乐场所等企业提供的服务在时间上、质量上起着重要的协调作用。因为旅游服务中任何一个环节出现问题，都会影响到整个旅游服务质量。导游人员既有义务协助有关旅游服务提供者，同时也有责任对这些部门的服务提出意见和建议，以使游客与旅行社签订的旅游合同得到落实。

4. 扩散作用

优质的导游服务可以对旅行社形象和旅游目的地的旅游产品起到扩散与传播作用。旅游产品质量主要由旅游资源质量、旅游服务质量、旅游活动组织安排质量和旅游环境质量构成，它们都与导游服务质量密切相关。因为旅游资源的特色许多时候需要经导游人员向游客讲解，而游客往往通过导游人员的服务质量来判断旅游产品的使用价值。如果导游服务质量高，游客感到满意，便会认同旅游产品、旅行社和导游人员，而且会以其亲身体验向亲朋好友进行义务宣传，进而扩大旅游产品的销售。若导游服务质量不高，则会导致游客不满和抱怨，间接影响到其周围的人，从而阻碍旅游产品的销售。

第二节 导游人员

一、导游人员的概念及分类

1. 导游人员的概念

导游，从词义上分析，“导”有引导、开通之意，“游”则指旅行游览。导游，顾名思义即引导他人旅行游览。随着旅游业的发展，“导游”的内涵也在不断变化和发展。一般来说，“导游”这一概念包含两层含义：一是引导游览活动的导游行为或导游业务，如，小王是做导游的；二是对导游人员的简称，如，小王是 ×× 旅行社的导游等。

在我国，导游人员是指按照《导游人员管理条例》的规定取得导游员资格证书（见图 1—7），接受旅行社委派，为游客提供向导、讲解及相关旅游服务的人员。

图 1—7 导游员资格证书

导游人员的概念中包含三层含义：

第一，导游人员是按照规定取得导游员资格证的人员。

具有高级中学、中等专业学校或者以上学历，身体健康，具有适应导游需要的知识和语言表达能力的中华人民共和国公民，可以参加导游资格考试；经考试合格的，由国务院旅游行政部门或国务院旅游行政部门委托省、自治区、直辖市人民政府旅游行政部门颁发导游员资格证书。

取得导游员资格证书的，经与旅行社订立劳动合同或者在导游服务公司登记，方可持所订立的劳动合同或者登记证明材料，向省、自治区、直辖市人民政府旅游行政部门申请领取导游证。

具有特定语种语言能力的人员，虽未取得导游员资格证书，但旅行社需要聘请临时从事导游活动的，由旅行社向省、自治区、直辖市人民政府旅游行政部门申请领取临时导游证。

第二，导游人员必须接受旅行社委派，按照旅游计划为游客提供服务。

取得了导游证且导游证在有效期限内，导游人员才有资格从事导游活动。

导游人员从事导游活动，必须经旅行社委派；未经旅行社委派，不得从事旅游活动。

导游人员进行导游活动时，应佩带导游证。无导游证从事导游活动的依据国务院发布的《导游人员管理条例》的有关规定给予处罚。

导游活动是指导游人员陪同游客旅行游览，为游客提供向导、讲解和其他旅途服务。

第三，导游人员为游客提供的服务包括向导、讲解及相关旅游服务。

导游人员的工作范围，并不仅限于对参观游览对象的讲解。他还要指导游客参观游览并与他们沟通交流；在提供讲解服务之外，还要提供生活服务，落实安排游客的食、住、行、游、购、娱等活动。

知识链接

导游证分为正式导游证和临时导游证。领取临时导游证的条件：一是具有某种特定语种语言能力，二是旅行社需要聘请其临时从事导游活动。

正式导游证与临时导游证的区别：

- 有无取得导游员资格证书。
- 有无特定语种语言能力。
- 领取导游证的程序不同。
- 有效期限不同。

2．导游人员的分类

（1）按业务范围分类

按业务范围不同，导游人员分为海外领队、全程陪同导游人员、地方陪同导游人员和景点景区导游人员，见表 1—2。

表 1—2　　不同导游人员在业务上的相同点和不同点

类别＼业务	相同点	不同点		
		受委派的单位	业务范围	主要业务
海外领队	代表旅行社为游客提供服务	经批准可以经营出境旅游业务的旅行社	自国内至海外，直到返回国内	带领旅游团从事境外旅游活动
全程陪同导游人员（简称全陪）		组团旅行社	国内某一旅游线路各站	在领队和地方陪同导游人员的配合下实施旅游接待计划，提供全程陪同服务
地方陪同导游人员（简称地陪）		接待旅行社	所在地区	提供当地旅游活动的安排、讲解、翻译等服务
景点景区导游人员（简称讲解员）		旅游景点景区	景点景区内	在旅游景点景区（如博物馆、自然保护区等）进行导游讲解，不涉及其他事务

知识链接

组团旅行社和接待旅行社

组团旅行社（简称组团社）是指接受旅游团（者）或海外旅行社预订，制订和下达接待计划，并可提供全程陪同导游服务的旅行社。

接待旅行社（简称接待社）是指接受组团社的委派，按照接待计划委派地方陪同导游人员负责组织安排旅游团（者）在当地参观游览等活动的旅行社。

（2）按使用语言分类

按导游使用语言的不同，导游人员分为中文导游人员和外语导游人员。

1）中文导游人员。中文导游人员是指能够使用普通话、地方话或者少数民族语言，从事导游服务的人员。目前，这类导游人员的主要服务对象是国内旅游中的中国公民和入境旅游中的港澳台同胞。

2）外语导游人员。外语导游人员是指能够运用外语从事导游服务的人员。目前，这类导游人员的主要服务对象是入境旅游的外国游客和出境旅游的中国公民。

（3）按职业性质分类

按职业性质不同，导游人员分为专职导游人员、兼职导游人员。

1）专职导游人员。专职导游人员是指在一定时期内以导游工作为主要职业的导游人员。目前，这类导游人员大多数受过中、高等教育，或受过专门训练，一般为旅行社的正式职员，他们是当前我国导游队伍的主体。

2）兼职导游人员。兼职导游人员也称业余导游人员，是指不以导游工作为主要职业，利用业余时间从事导游工作的人员。目前这类导游人员分为两种：一种是通过了国家导游资格统一考试，取得导游证而从事兼职导游工作的人员；另一种是具有特定语种语言能力受聘于旅行社，领取临时导游证而临时从事导游工作的人员。

（4）按技术等级分类

按技术等级不同，导游人员分为初级导游人员、中级导游人员、高级导游人员和特级导游人员，具体的分类标准见表1—3。

表1—3　导游技术等级分类和等级标准

技术等级	等级标准
初级导游人员	获导游员资格证书一年后，就技能、业绩和资历对其进行考核，合格者自动成为初级导游人员
中级导游人员	获初级导游人员资格两年以上，业绩明显，经考核、考试合格者晋升为中级导游人员。中级导游人员是旅行社的业务骨干
高级导游人员	取得中级导游人员资格四年以上，水平较高，业绩突出，在国内外同行和旅行商中有一定影响，经考核、考试合格者晋升为高级导游人员
特级导游人员	取得高级导游人员资格五年以上，业绩优异，有突出贡献，有高水平的科研成果，在国内外同行和旅行商中有较大影响，经考核合格者晋升为特级导游人员

二、导游人员的职责

1．全陪的职责

全陪是组团旅行社的代表，对所率领的旅游团（者）的旅游活动负有全责，因而在整个旅游活动中起主导作用。

（1）实施旅游接待计划

按照旅游合同或约定实施组团旅行社的接待计划，监督各地接待单位的执行情况和接待质量。

（2）联络工作

负责旅游过程中同组团旅行社和各地接待旅行社的联络，做好旅行各站的衔接工作，确保旅游活动的连贯性、一致性和多样性。

（3）组织协调工作

协调旅游团与地方接待旅行社及地方导游人员之间、领队与地方导游人员、驾驶员等各方面接待人员之间的合作关系；协调旅游团在各地的旅游活动，听取游客的意见。

（4）维护安全，处理问题

维护游客旅游过程中的人身和财物安全，处理好各类突发事件；转达游客的意见和要求，力所能及地处理游客的意见、要求乃至投诉。

（5）宣传和调研工作

耐心解答游客的问询，介绍中国（地方）文化和旅游资源，开展市场调研，协助开发、改进旅游产品的设计和市场促销。

2. 地陪的职责

地陪是地方接待旅行社的代表，是旅游计划的具体执行者。

（1）安排旅游活动

严格按照旅游接待计划，合理安排旅游团（者）在当地的旅游活动。

（2）做好接待工作

认真落实旅游团（者）在当地的接送服务和行、游、住、食、购、娱等服务；与全陪、领队密切合作，按照旅游接待协议做好当地旅游接待工作。

（3）导游讲解

负责旅游团（者）在当地参观游览中的导游讲解，解答游客的问题，积极介绍和传播中国（地方）文化和旅游资源。

（4）维护安全

维护游客在当地旅游过程中的人身和财物安全，做好事故防范和安全提示工作。

（5）处理问题

妥善处理旅游相关服务各方面的协作关系，以及游客在当地旅游过程中发生的各类问题。

知识链接

地陪的职责重点之一是组织旅游团在当地的旅游活动，负责安排落实旅游团全体成员的食、行、住、游、购、娱等方面的事宜；重点之二是导游讲解，这是有区别于全陪的。全陪虽然也做导游讲解，但这并不是其职责的重点。就一地而言，地陪是典型的、完全意义上的导游人员，他的工作责任最大，处理的事务最多，工作最辛苦，所起的作用最关键。

3. 景点景区导游人员的职责

（1）导游讲解。主要负责所在景点景区的导游讲解，解答游客的问询。

（2）安全提示。提醒游客在参观游览过程中注意安全，并给予必要的协助。

（3）结合景物向游客宣讲环境、生态和文物保护知识。

三、导游人员的职业道德和行为规范

1. 导游人员职业道德

我国的导游人员职业道德规范是与导游人员职业活动相适应的，是随着导游职业发展逐渐形成的道德要求。它既是导游人员在工作中必须遵循的行为准则，也是游客用来衡量导游人员职业道德行为和导游服务质量的标准。一名优秀的导游必须具备以下职业道德素质。

（1）爱国爱企、自尊自强

爱国爱企、自尊自强是我国各行各业人员共同的道德规范和基本要求，具有普遍的指导意义。它要求导游人员在业务工作中以主人翁的姿态出现，坚持祖国利益高于一切，时时处处以国家利益为重，为国家和企业的发展做贡献。在工作中要维护国家和民族的尊严，有自尊心和自信心，要勇于开拓、勇于实践、自强不息。

（2）热情友好、宾客至上

热情友好、宾客至上是社会主义旅游职业道德最基本的道德规范。导游人员在接待过程中，应发扬我国礼仪之邦热情好客的优良传统，把游客放在首位，一切为游客着想，努力满足游客合理、正当的要求，克服冷淡、粗暴等违反旅游职业道德的不良行为。

（3）公私分明、诚实守信

导游人员在工作中要做到不谋私利、公私分明，无论对来自游客方面还是对来自其他方面的诱惑，都有较强的自控能力，能自觉地抵制各种精神污染。对待游客要坦诚公道、信誉第一。

（4）文明礼貌、优质服务

导游人员在接待工作中，应举止端庄、讲话和气、态度和善、服务周到，要坚决克服粗心大意、办事拖拉、互相推诿等工作作风问题。

（5）不卑不亢、一视同仁

要求导游人员服务海内外游客时都能谦虚谨慎、稳重大方、尊重游客、热情接待，尽到自己的职业责任。对不同国籍、不同民族、不同肤色的游客，没有亲疏之分，均以热情友好的态度相待。

（6）团结协作、顾全大局

导游人员要切实处理好组团社和接团社的关系，地陪、全陪、其他接待人员、驾驶员之间的关系要融洽，遇到特殊情况时，能够从大局出发，通力协作，迅速妥善地处理，克服本位主义；要积极同交通部门、旅游景区（点）联系安排落实旅游计划，不推诿责任。要摆正国家、集体、个人三者之间的关系，纠正相互指责、扯皮、削价竞争、以邻为壑等不良现象，树立全局观念，在旅游业内部建立团结、友爱、平等、互助的社会主义新型关系。

（7）遵纪守法、廉洁奉公

导游人员应严格遵守国家法规、外事纪律和行业规范，严守国家机密，廉洁奉公，自觉以国家利益和集体利益为重，坚决与一切贪污浪费、损公肥私、徇私违法行为做斗争，抵制索取小费、套购指标、炒汇套汇、索取礼品等不正之风。

（8）钻研业务、提高技能

导游人员应善于学习，刻苦钻研，保持积极向上的良好面貌；要树立终身学习的观念，不断提高自身的导游技能和导游知识水平。

2. 导游人员行为规范

行为规范是社会群体或个人在参与社会活动中所遵循的规则、准则的总称，是被公众认可及被人们普遍接受的具有一般约束力的行为标准。几十年来，我国旅游业不仅形成了适合我国国情和导游工作特点的导游人员职业道德，也形成了一套导游人员的行为规范，具体内容如下：

（1）忠于祖国，坚持“内外有别”原则

导游人员要严守国家机密，时时、事事以国家利益为重。导游人员带团旅游期间，不随身携带内部文件，不向游客谈及旅行社的内部事务及旅游费用等事项。

（2）严格按规章制度办事，执行请示汇报制度

1）导游人员应严格按照旅行社确定的接待计划安排旅行、游览活动，不得擅自增加、减少旅游项目或者中止导游活动。在旅行、游览中，遇到可能危及游客人身安全的紧急情况时，经征得多数游客的同意，可以调整或变更接待计划，但应立即报告旅行社。

2）在旅行、游览中，对可能发生的危及游客人身、财物安全的情况，导游人员要向游客作出真实说明和明确警示，并按照旅行社的要求采取防止危害发生的措施。

（3）自觉遵纪守法

1）导游人员不得参与赌博、吸毒等违法活动，也不得索要、接受反动或色情书刊画报及音像制品。

2）导游人员不得套汇、炒汇，也不得以任何形式向海外游客兑换、索取外汇。

3）导游人员不得向游客兜售物品或购买游客的物品，更不得偷盗游客财物。

4）导游人员不得欺骗、胁迫游客消费或与经营者串通欺骗、胁迫游客消费。

5）导游人员不得以明示或暗示的方式向游客索要小费，不得因游客不给小费而拒绝提供服务。

6）导游人员不得收受向游客销售商品或提供服务的经营者的财物。

7）导游人员不得营私舞弊、假公济私、大吃大喝。

（4）自尊、自爱，不失人格、国格

1）导游人员不得游而不导，不擅离职守，不懒散松懈，不本位主义，不推诿责任。

2）导游人员要关心游客，不得态度冷漠、敷衍了事，更不得在紧要关头临阵脱逃。

3）导游人员不得与游客过分亲近；不介入旅游团内部的矛盾和纠纷，不在游客之间搬弄是非；对待游客一视同仁，不厚此薄彼。

4）导游人员有权拒绝游客提出的侮辱自己人格尊严或违反自己职业道德的不合理要求。

5）导游人员不得迎合个别游客的低级趣味，在讲解、介绍中掺杂庸俗下流的内容。

（5）注意小节

1）导游人员不得随便单独去游客的房间，更不得单独去异性游客的房间。

2）导游人员不得携带自己的亲友随旅游团活动。

3）导游人员不得与同性外国旅游团领队同住一室。

4）导游人员在工作中少饮或不饮酒；需饮酒时，饮酒量不要超过自己酒量的 1/3。

5）导游人员不得克扣游客餐费。

6）导游人员不得私自留用旅行社送给游客的礼品。

案例思考

北京某旅行社的导游小王带领旅游团去上海，该团有一位老先生，他说自己以前在上海住过，特别喜欢上海的小吃，尤其爱吃豫园的小笼包。旅游团到达上海后，这位老先生提出了买小笼包的要求，可是旅游团在上海的日程非常紧张，豫圆附近又是繁华的商业区，道路拥挤，不熟悉环境的人很容易迷路。于是，小王利用晚餐地点离豫园比较近的机会，打车到那里买了小笼包。小王回来时，发现那位老先生竟然站在餐厅外面等她。当小王和老先生一起回到座位时，全体游客报以热烈的掌声。

请分析小王做到了导游职业道德的哪一点？

四、导游人员的记分管理

我国目前对导游人员的管理采用计分管理制度，实行年度管理 10 分制。管理部门对导游人员违反规定的行为扣除相应的分值。使用 IC 卡导游证记录导游人员的基本信息及违规计分情况，《导游人员违规通知单》是违规导游被扣分的凭据，一式三联：一联为检查单位留存，一联通知其发证单位，一联交违规人。

依据《导游人员管理实施办法》的规定，将导游人员扣分的违规行为归纳为 27 种，见表 1—4。

表 1—4　导游人员扣分的违规行为

扣除分值	违规行为
10分	1. 有损害国家利益和民族尊严的言行 2. 诱导或安排游客参加黄、赌、毒活动项目 3. 有殴打或谩骂游客行为 4. 欺骗、胁迫游客消费 5. 未通过年审继续从事导游业务 6. 因自身原因造成旅游团重大危害和损失
8分	1. 拒绝、逃避检查，或欺骗检查人员 2. 擅自增加或减少旅游项目 3. 擅自终止导游活动 4. 讲解中掺杂庸俗、下流、迷信内容 5. 未经旅行社委派私自承揽或以其他任何方式直接承揽导游业务
6分	1. 向游客兜售物品或购买游客物品 2. 以明示或暗示的方式向游客索要小费 3. 因自身原因漏送或误接误送旅游团 4. 讲解质量差或不讲解 5. 私自转借导游证供他人使用 6. 发生重大安全事故不积极配合有关部门救助

续表

扣除分值	违 规 行 为
4分	1. 私自带人随团游览 2. 无故不随团活动 3. 在导游活动中未佩戴导游证或未携带计分卡 4. 不尊重游客宗教信仰和民族风俗
2分	1. 未按规定时间到岗 2. 10人以上团队未打接待社社旗 3. 未携带正规接待计划 4. 接站未出示旅行社标识 5. 仪表、着装不整洁 6. 讲解中吸烟、吃东西

知识链接

为了加强对全国导游人员的管理，全面提高导游服务质量，国家旅游局从2002年4月10日起，在全国范围内推行针对导游人员的计分管理制度。该制度的推行，可视为我国导游人员管理的一次革命，它长远且深刻地影响着我国导游人员职业的未来发展趋势。

该制度施行的前奏，是国家旅游局启用新版导游证。导游证为IC卡（见图1—8）形式，卡内芯片储存了导游人员的姓名、性别、民族、学历、语种、出生年月、家庭地址、身份证号码、导游证编号、导游资格证号等基本信息和违规计分情况，通过手持读卡机等电子设备读取。国家旅游局于2002年4月1日起，在部分地区试行新版导游证，2003年4月1日起在全国实行。

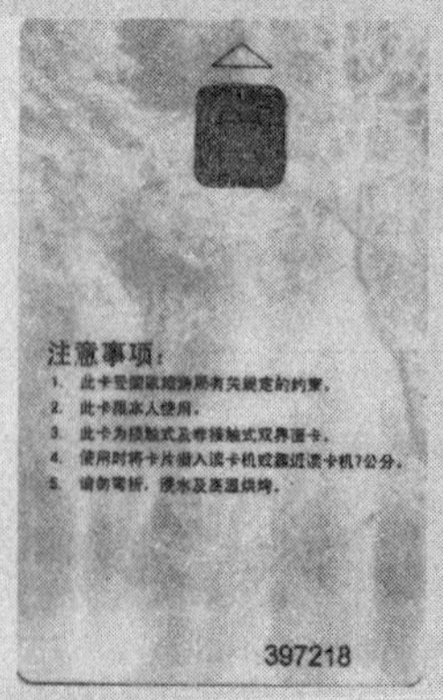

图1—8　导游IC卡

思考与练习

1．什么是导游服务?

2．现代导游服务具有哪些特点?

3．导游人员从业范围可分为哪几类?

4．全陪的主要职责有哪些?

5．导游服务的纽带作用体现在哪些方面?

第二章

chapter 2

团队导游服务

团队导游服务是导游人员日常工作的主要内容。在团队旅游中，导游服务是整个旅游接待的窗口，贯穿旅游活动全程，其服务质量的高低将直接影响游客对旅游产品的满意度。

学习目标

- 掌握团队导游人员规范工作程序
- 掌握团队导游服务中各项流程的工作重点
- 了解不同流程导游人员之间的配合与分工

第一节 接待准备

导游人员在接到旅行社下达的接待任务之后、接到旅游团之前，需要提前做好导游服务的准备工作，主要包括物品准备、资料和话题准备、形象准备、心理准备和研究接待计划书等。

一、物品准备

1．工作必备物品

（1）导游证、导游旗和身份证

导游人员接团时必须佩带导游证（导游 IC 卡）和导游旗，并主动向游客出示自己的导游证，从而使自己所表达的为游客服务的良好意愿有更加可信的基础。身份证主要用来乘坐交通工具和入住饭店登记时使用。

（2）名片

名片是职业社交场合通用的一项表明职业身份的工具，导游人员带团时应随身携带。作用有二：一是递送给旅游服务接待部门，以便保持联络；二是递送给游客，以便及时提供服务，也可以为今后更好地展开售后及二次销售工作打下基础。

（3）地图和记事本

地图用于记录并提示导游人员的行动线路和主要工作点，尤其对于不熟悉的线路，导游人员要不断对照，加强记忆。

记事本用于记录重要的联系电话、工作计划，以及备注一些突发事件、账目往来等。也可将特殊的带团体会及时记录下来，以对未来的工作起到提示和指导的作用。

2．应急用品

（1）环保垃圾袋

导游人员应引导游客主动维护环境卫生，无论在乘坐交通工具时，还是在景点景区内，都应主动将垃圾收入垃圾袋，携带到指定位置丢弃。

（2）急救包

导游人员可随身携带一个外用急救包，里面应有清凉油、创可贴、医用碘伏、医用纱布等小物品，以备不时之需。一些有经验的导游人员还会携带针线包和指甲钳等小工具，以便为游客提供更加细致的服务。

（3）小奖品

在旅游过程中，为了活跃气氛，调动游客积极性，导游人员需要准备一些成本不高但有本地特色的小物品作为奖品。

3．个人用品

（1）食物

导游工作是一项脑体高度结合的工作，导游人员可随身准备一些高能量且食用方便的食物，如巧克力等。

（2）水杯

语言是导游人员工作的基本工具，保护嗓子非常重要，所以导游人员应多喝水、会喝水。可以准备一个防漏、便携的保温水杯，并配备类似菊花茶等有润喉清凉作用的茶叶。

（3）工作包

导游人员因为工作特殊，随身票据繁杂多样，应选择携带方便、大小适中、安全可靠的工作包，方便将记事本、票据、钱款等分门别类收纳其中。

二、资料和话题准备

1．根据旅游接待计划上确定的游览项目，就翻译、导游的重点内容，做好介绍资料的准备。

2．接待有专业要求的团队，要做好专业知识、专业词汇的准备。例如，在接待以商务、会展为目的的旅游团时，地陪应着重多准备一些相关行业的数据资料，以便向游客讲解时有针对性，达到言之有物的效果。

3．有针对性地准备一些热门话题、国内外重大新闻话题及调动游客兴趣的话题。

知识链接

随着国内国际商务会展旅游的发展，越来越多的因参加专业会展而产生的旅游团成为旅行社新的客源。这种团队具有接待规格高，商务会见、宴会宴请活动多，参团人员社会层次、文化层次偏高等特点。在接待此类团队时，地陪应在导游讲解中适当增加对本地区经济现状、未来发展、投资环境等相关知识内容的说明，将游客感兴趣的话题融入讲解之中，有针对性地提供导游服务。

三、形象准备

导游人员的着装要符合本地区、本民族的着装习惯和职业身份，衣着要大方、整洁，便于导游工作；发型要整齐自然而不夸张；佩戴首饰要适度；导游证佩戴在正胸前，位置端正。力争给游客在第一印象当中留下专业、健康、充满活力的形象。男性导游人员带团时，忌穿背心、短裤、拖鞋；女性导游人员带团时，忌穿吊带衫、露脐装、超短裙（裤）、拖鞋，不能浓妆艳抹。

带团时不使用味道太浓的香水，忌吃有浓烈气味的食物。

四、心理准备

1．准备面临艰苦复杂的工作

在做准备工作时，地陪不但要尽力地为旅游团（者）提供热情周到的服务，还要结合本站食、住、行、游、购、娱六要素的特点，为游客安排最合理的游览顺序，还要处理突发事件，以及对游客特殊要求的满足。做好充足的心理准备，有助于地陪在工作时能够更冷静、更客观地应对各种挑战。

2．准备承受抱怨和投诉

地陪工作手续繁杂，劳动量大。即便导游已竭尽所能地为旅游团（者）提供了热情周到的服务，仍然可能遇到一些游客的挑剔、抱怨和指责，甚至提出投诉。做好心理准备，面对困难，地陪要沉着应对，耐心地、持之以恒地用更周到的服务逐步改善游客的看法，获得游客的信任与好感。

导游人员在日常生活中应养成良好的习惯，早睡早起，适当运动，饮食均衡，为参与快节奏的工作准备一个好的身体条件；生活中遇到对自身情绪影响较大的事件，要学会及时调节，不能把情绪带到工作中去，要时刻保持冷静的头脑应对多变的情况。

五、研究接待计划书

1．研究旅游线路

（1）对全程旅游线路进行分析研究

1）在具体行程安排上，注意分析各站之间安排的参观、游览、娱乐、购物等活动的异同，突出本地特色。

2）提前对讲解内容进行演练，注意内容上的创新，避免老调重弹。

（2）对本站的旅游线路进行分析研究

研究分析路途、参观、游览、娱乐、购物等具体项目的所需时间，做到科学合理分配时间。

2．分析交通工具

（1）分析旅游团抵达和离开时所乘交通工具、班次、时间、站点。

（2）了解在本地游览时安排的旅游车、游船等早班和末班时刻；与旅游汽车公司或车队联系，确认旅游车具体车型、车牌号和驾驶员姓名及联系方式，初步确认见面地点及时间。

3. 了解住宿情况

提前摸清旅游团要下榻的饭店位置，特别是首次安排接待的饭店，必要时应提前踩点，做到心中有数，掌握团队入住的房间数、级别、天数及是否包含早餐等具体事项，掌握饭店各协调部门联系方式。

4. 了解用餐情况

了解旅游团用餐地点的具体位置，了解团队用餐人数、标准、日期、有无特殊要求，掌握餐厅的联系方式。

5. 分析游客构成

主要分析游客的年龄、职业、性别、宗教信仰、国籍或地域等情况，做好针对性的接待准备。如团队中老年人居多，在安排具体参观游览活动时，应更注重劳逸结合；如团队中女性游客居多，在安排自由活动时，可选择购物商圈进行推荐；再如南方游客在饮食上口味偏淡，主食以米饭为主，这点与北方游客有明显区别。全陪和领队应主动掌握游客特点，及时与地陪交流，地陪则应根据游客特点做好针对性接待安排。

6. 确定旅游的支付方式和费用

很多地区在团队接待时，会安排全陪和地陪之间就团队尾款进行交接，导游人员应提前了解团队旅游款项的支付方式和具体费用，比如是现金结算还是旅行社自动转账等。

在研究完接待计划书后，填写旅游团接待派遣计划单（见表 2—1）。

表 2—1　　**旅游团接待派遣计划单**

编号：××××　　派遣日期：　年　月　日

团　号		线路名称		国　别		人　数	
接待社		联系人		联系方式		地　陪	
组团社		联系人		联系方式		全　陪	
抵达日期		交通工具		班　次		出发时间	
离站日期		交通工具		班　次		出发时间	

日　期	行程安排	住　宿	餐　饮	其　他

续表

驾驶员 1		联系方式		车牌号		车型	
驾驶员 2		联系方式		车牌号		车型	
车队队长				联系方式			
自费项目				价格	购物安排		
1.					1.		
2.					2.		
团费尾款 结算要求							
团队特殊要求：							

接待社公章 计划下达日期：	计调经理	
	应急电话	

第二节　迎 接 服 务

一、团队抵达前的联络确认工作

迎接服务是整个接待程序中重要的环节，因为这是导游人员与游客的第一次接触，也是游客对导游人员形成第一印象的阶段，因此迎接服务完成的好坏，会直接影响后续工作的质量。

1．确认旅游团（者）所乘交通工具抵达的准确时间

出发迎接前，要与机场（车站、码头）问讯处联系（也可通过网络实时查询），对照班次核实准确抵达时间。要求做到三个核实：核实计划时间、核实时刻表时间、核实问讯时间。

一般应在航班抵达前的 2 小时，车、船预定到达时间前 1 小时向问讯处询问或通过

网络进行查询。

2．与旅游车驾驶员联络

（1）商定出发时间，确定见面地点，确保旅游车提前 30 分钟抵达站点迎候。

（2）在赴接站途中，地陪应该向驾驶员讲述详细活动日程和具体时间安排。

（3）接待大型团队前，核实车身是否已粘贴编号或醒目的标记。

（4）到达接站地点后，与驾驶员商定车辆停放的位置，以便地陪接到旅游团（者）后及时乘车开始游程。

案例思考

与旅游车驾驶员的对话

下面一段对话是在接旅游团前一天，地陪与驾驶员电话联系的内容，请与同桌分别扮演地陪和驾驶员的角色，试着进行一次对话，并分析在这段对话中，双方的交流是否清晰，是否会造成接待事故的隐患，应怎样改正。

地陪：“王师傅，您好！我是明天陕西国旅西安两日游的地陪导游，我叫张山，您接到出车计划了吗？”

驾驶员：“你好！接到了，游客几点到？”

地陪：“游客一共有 19 人，乘飞机来西安，明天上午 9:15 抵达咸阳机场，您看我们几点在市区什么地方碰面最合适？”

驾驶员：“那明天上午 7:50 我们在东城门碰面，对了，游客在市内要走几个景点？后天几点离开？”

地陪：“游玩大雁塔、古城墙和钟鼓楼广场，另外还有兵马俑和华清池。后天乘下午 5:50 的航班离开西安，具体安排明天见面我再和您细说。另外，王师傅，您的车型是 22 正座的金龙旅游车，车牌号是陕 A××××× 吧？”

驾驶员：“是的，那明天上午 7:50 见。”

地陪：“好的，再见！”

驾驶员：“再见！”

3．与行李员联络

告知接站的准确时间和行李送达目的地。

4．与住宿饭店及餐厅联络

（1）确认饭店名称、位置、概况、服务设施和服务项目及周边情况。

（2）和前台核实旅游团所住房间数目、级别、用房时间是否与计划相符，核实房费内是否包含早餐等。

（3）向饭店提供旅游团抵店时间及旅游车车牌号。

（4）与有关餐厅联系，确认日程安排内的用餐情况，其中包括用餐日期、团号、用餐人数、餐饮标准、用餐时间及特殊要求等。

5. 持接站牌迎候旅游团

站点提示所接班次抵达后，导游人员应在旅游团（者）出站前高举清晰接站牌，站在出站口开阔位置，热情迎接。接站牌（见图 2—1）上应用醒目字样书写所接团名、团号、领队或全陪姓名；迎接无领队或全陪的旅客时，要写明全体或部分游客姓名。

湖 北 省 ×× 国 际 旅 行 社

团名：长沙国旅一行 26 人
团号：CS-CITS-0926 团
领队：张××

图 2—1 接站牌

二、接站服务

为了及时迎接到计划中的旅游团（者），顺利展开服务工作，在这个环节中，地陪起主导作用，全陪和领队应积极配合。地陪在旅游团抵达后，应高效率地完成以下四项工作：

1. 认找旅游团

旅游团出站后，地陪应尽快找到自己的旅游团。认找团队时，地陪应站在出站口明显的位置上，高举接站牌，以便领队、全陪或游客前来联系。同时地陪也可以从出站游客的民族特征、肤色、衣着和组团社徽标等信息来分析判断或上前委婉询问，主动认找自己的旅游团。如果该团有领队或全陪随同，地陪应及时与领队、全陪接洽，问清该团的国别（或地区）、客源地组团社名称、领队及全陪姓名、联系方式等；如果该团无随同导游人员，地陪应与该团成员逐一核实国别（或地区）、团员姓名、团号等，无任何出入才能确定是自己应接待的旅游团。

2. 核实实到人数

地陪认找到旅游团后，要及时与领队、全陪或旅游团成员核实实到人数，如果出现人数增加或减少等不符合计划的情况，要及时通知当地接待社有关部门，并对接待计划做相应调整。

3. 集中清点行李

核实完旅游团人数后，地陪应协助游客将行李集中摆放在相对安全、视野开阔的位置。提醒全团游客检查其行李有无损伤、检查随身物品是否带齐（如有无遗忘在交通工具上的情况），如发现问题，地陪要积极协助游客处理。如无特殊情况，地陪应与领队、全陪及行李员共同清点行李。核对无误后，地陪将行李移交行李员，并办好交接手续。

4．集合登车

行李交接完毕后，地陪应高举接待社导游旗，与领队、全陪配合，安全地将游客引导至旅游车停放点，安排游客按秩序登车。

知识链接

游客上车时，地陪与驾驶员应站立于车门内外或车门外（见图 2—2），对于行动不便的游客要细心关照，给予适当的搀扶和协助。待所有游客及随同人员就座后，地陪应对车内行李架上的物品摆放是否稳妥进行检查，并礼貌地清点人数（忌使用手指直接指向游客清点），确认无误后，请驾驶员开车。

图 2—2　集合登车

三、入店服务

从迎接站点至下榻饭店的途中，地陪要做好如下几项工作。

1．致欢迎辞

致欢迎辞时，地陪应面向游客，车内条件允许时，应选择站在车厢前部靠近驾驶员的位置，使全体游客都能看到。欢迎辞的内容要有侧重性，要符合旅游团的性质及其成员的文化水平、职业、年龄等背景情况。欢迎辞的内容应包括以下几点：

（1）代表接待社、本人及本车驾驶员欢迎游客光临本地。

（2）介绍自己的姓名及所属单位。

（3）介绍驾驶员。

（4）表达提供服务的诚挚愿望。

（5）预祝旅游愉快顺利。

知识链接

导游人员如何树立良好的导游形象

1. 重视“第一印象”

第一印象在心理学中称“首因效应”，给人第一印象的好坏，常常构成人们的心理定式，成为评价一个人的依据。

迎接旅游团是导游人员与游客接触的开始，导游人员在接团时留给游客的初次印象，对游客心理有重大影响，它往往会左右游客在以后的旅游活动中的判断和认知。游客每到一地，总是怀着一种新奇的忐忑不安的心情，用审视甚至近于挑剔的目光观察前来接团的导游人员。树立良好第一印象的关键在于导游人员的仪容、仪表和使用的语言。导游人员要用修饰有度的衣着打扮、文雅大方的举止、诚挚热情的表情和周密细致的游览安排、礼貌动听的语言给游客留下良好的第一印象。

2. 维护良好的形象

良好的第一印象不会一成不变，它只是体现在导游人员接团这一环节，而维护形象则贯穿在导游服务的全过程之中，因此，维护形象比树立形象往往更为重要和艰巨。有些导游人员给游客留下的第一印象不错，但是忽略了保持和维护自己的形象，与游客接触的时间稍长一些就放松了对自己的要求，如不修边幅，说话不注意，承诺不兑现，迟到等。于是在游客中的威信逐渐降低，工作自然不好开展。导游人员在游客面前要始终表现出豁达自信、坦诚乐观、沉着果断、办事利落、知识渊博、技能娴熟等特质，用令游客满意的行为来加深、巩固良好的形象。

3. 留下美好的最终印象

心理学中有一个概念叫“近因效应”，它是指在人际知觉中，最后给人留下的印象对人有强烈的影响。如果导游人员留给游客的最终印象不好，就可能导致前功尽弃的不良后果。一个游程下来，尽管导游人员已感到很疲惫，但从外表上依然要保持精神饱满而且热情不减，这一点会令游客对整个游程持肯定和欣赏的态度。同时导游人员要针对游客此时开始想家的心理特点，提供周到的服务，不厌其烦地帮助他们，如选购商品、捆扎行李等。

2. 调整时间

接待入境旅游团时，地陪在致欢迎辞后，要介绍两国（两地）的时差，建议游客将自己的表调到本地时间。

3. 首次沿途导游

地陪必须做好首次沿途导游服务，以满足游客的好奇心和求知欲，同时，这也是展示自我专业知识和技能的最佳时机，精彩成功的首次沿途导游会使游客产生满足感和对导游人员的信任感，从而在他们心中树立起对导游人员良好的第一印象。

首次沿途导游主要介绍当地的风光、风土人情及下榻的饭店概况。

（1）风光导游

地陪进行沿途风光导游时，讲解的内容要简明扼要，语言节奏明快、清晰；景物取舍得当，随机应变，见人说人，见物说物，与游客的观赏同步。总之，沿途风光导游贵在灵活，导游人员要反应敏锐、善于把握时机。

（2）风土人情介绍

地陪应向旅游团介绍当地的概况、气候条件、行政区划、人口、历史沿革、社会生活、土特产品等；还可适时介绍本地市容市貌，及沿途经过的重要建筑物、街道等。

（3）介绍下榻饭店的概况

主要介绍饭店的名称、地理位置、星级标准、接待规模、服务项目、办理入住手续的方法及住店相关注意事项，根据车程距离，地陪自行控制所介绍内容的多少。

（4）宣布集合时间和集合地点

当旅游车抵达下榻饭店时，游客下车前，地陪应清楚地向游客宣布当日或次日的活动安排、集合时间、地点及车牌号码，并提醒注意事项。

4. 入住服务

地陪应在旅游团抵达饭店后，尽快协助办理好入住手续，引导游客进入房间、提取行李，并确保游客了解饭店的基本情况和住店的注意事项，清楚当天或次日的行程安排。

（1）协助办理入住手续

1）协助领队和全陪办理入住登记手续，请领队分发住房卡。

2）掌握领队、全陪和团员的房间号，并将自己的联系方式和房间号（如地陪留宿饭店）等告知全陪和领队，以便有事时尽快联系。

（2）介绍饭店内部常用场所和设施

进入饭店后，地陪应向游客介绍饭店内的常用场所和设施，如外币兑换处、中西餐厅、娱乐场所、商务中心、购物中心、公共洗手间、安全通道等。并讲清房间的设施设备使用注意事项。

提示：导游应在游客进房后15分钟内留守于前台，以便游客发现房间内部设施设备存在故障时，及时协助处理。

（3）带领旅游团用好第一餐

游客进入房间之前，地陪应向游客介绍饭店内的就餐形式、地点、时间及餐饮的有关规定。旅游团到餐厅用第一餐时，地陪应主动引导。地陪要将领队、全陪介绍给餐厅经理或主管，告知旅游团的特殊要求。

（4）宣布当日或次日的活动安排

地陪应向全团宣布当日或次日的行程安排；预报当地的天气和游览景点景区的地形，提醒配备防护用具等；告知集合时间、地点。如果团队中有提前入住的游客，必须单独提醒一次，避免疏漏。

（5）照顾行李进房

地陪应等待本团行李送达饭店后，与行李员进行核对，并督促饭店行李员及时将行李送至游客房间。

（6）安排好提醒服务

地陪应在当天活动中，与领队及全陪商定次日叫早及早餐时间，并通知所有团员。地陪在当天活动结束后离开饭店前，应通知饭店总服务台确定叫早提醒服务及早餐时间。

提示：一般团队的叫早时间应定为早餐前30分钟，出发时间应定为早餐后30分钟。视团队性质不同，地陪可做适当调整。

四、核对、商定项目安排

旅游团开始参观游览之前，地陪应与领队、全陪商定本地项目安排，并及时通知到每一位游客。

核对、商定日程是旅游团抵达后的一项重要工作，可视作两国（两地）间导游人员合作的开始。

知识链接

旅游团在一地的参观游览内容一般都已经明确规定在旅游协议书上，而且在旅游团到达前，旅行社有关部门已经安排好该团在当地的活动日程。即便如此，地陪也必须进行核对、商定日程的工作。因为游客有权审核活动计划，也有权提出修改意见。导游人员与游客商定日程，是对游客的一种尊重。领队也希望得到他国（地区）导游人员的尊重和协助，商定日程并宣布活动日程是领队的职权。特种旅游团除参观游览活动外，还有其他特定的任务，商定日程显得更为重要。

在核对、商定日程时，对出现的不同情况，地陪要采取相应的处理措施。

1．领队或游客提出小修改或增加活动项目时

地陪应首先向接待社相关部门汇报。对于合理而可能的要求要尽量满足；需要加收费用的，要事先向领队或游客讲明，按照规定收取费用；确有困难无法满足的，地陪应向领队或游客做耐心的解释。

2．提出的要求与原接待计划不符且又涉及接待规模时

（1）地陪对于游客提出的这类要求，一般应委婉拒绝，因为原接待计划所安排的内容为接待社与组团社之间的约定协议，接待社不能单方面不执行合同。

（2）如遇领队主动提出这类要求，地陪应向接待社有关部门请求指示。

3．地陪的接待计划与领队（或全陪）的团队计划有出入时

地陪应立即报告接待社查明原因，分清责任。如果是接待社的责任，地陪应实事求是说明情况，并向领队、全陪及全体游客诚恳道歉；如果是组团社的责任，地陪应请求接待社指示，以配合作适当调整。

第三节　参观游览服务

参观游览服务是游客实际消费旅游产品的主要内容，是游客期望的旅游活动的核心部分，也是地陪服务工作的中心环节。

在参观游览的过程中，地陪应确保旅游团安全、顺利走完全程，使游客详细了解参观游览对象的特色、历史背景及其他感兴趣的问题。为此，地陪必须认真准备、精心安排、热情服务、生动讲解。全陪和领队则应积极配合地陪的工作，使游客安全、尽兴地完成参观游览活动。

一、出发前的服务

1．提前到达，协同驾驶员做好准备

地陪应提前 15 分钟到达集合地点，协同驾驶员做好车况的检查工作。

2．核实、清点实到人数

未到的游客，地陪应向领队、全陪问清原因，设法及时找到；不到的游客，地陪要掌握原因，并妥善安排，必要时提醒饭店相关部门留意。

3．提醒注意事项

地陪早餐时应问候游客，提醒集合时间和地点；就当日天气、游览点的地形、行走路线长短、车程时间等向游客进行提醒，请其携带好雨具、防晒用品或穿着适宜的服装。

4. 准点集合登车

游客陆续到达集合地点后，地陪应站在车门一侧，一面招呼大家及时上车，一面给老弱游客登车提供适当帮助。开车前，应再次清点人数。

二、途中导游

1. 重申当日活动安排

开车后，地陪要向游客重申当日活动安排，包括当日游览顺序、车程时间、用餐地点、娱乐活动安排等，并可视情况介绍当日本地的新闻要闻。

2. 风光导游

在前往景点的途中，地陪应适时向游客介绍本地的风土人情、自然景观、土特产品等相关内容，并回答游客提问。

3. 介绍游览景点

抵达景点之前，地陪应利用车内相对密闭安静的环境，向游客简要介绍景点概况，尤其是景点的历史价值和特色。讲解贵在简明扼要、留有悬念，目的是为了满足游客事先想了解有关知识的心理，激起游览景点的欲望。

4. 活跃气氛

如果旅途车程时间长，可以和游客讨论一些游客感兴趣的话题，或组织适当的娱乐来活跃车内气氛。

知识链接

如何活跃旅途气氛

前往景点的途中，漫漫车途未免枯燥乏味，导游人员除了讲解一些和目的地有关的专业内容以外，还可以适当组织一些车厢内的小游戏，调动游客情绪，缓解旅途疲劳。

1. 车内卡拉OK。将车内游客分为两组，由导游推荐一个歌曲主题，如演唱带有“月亮”或带有“爱”字的歌曲，两组游客进行对歌。两组游客一旦形成竞争，气氛会非常热烈，最后由接不上来的小组选代表表演小节目。

2. 当着游客的面在一张纸上面写一个数字，条件是写的数字要在1～100的范围内。然后请游客猜，如所写的数字是53，第一位游客猜的是87，那么范围就缩小到1～87；第二位游客猜49，那么范围就缩小到49～87。这样猜下去，最后猜中的游客获得一个小奖品。

3. 问三个问题，第一个问题：说出你最喜欢乘坐的交通工具，第二个问题：说出你最喜欢的动物，第三个问题：说出你最爱说的口头禅。大部分游客回答后，再公布游戏的玩法：“大家记得自己刚才说的答案吗？现在我们将自己刚才说的答案连成一句话。这句话的格式是这样的：我乘坐着……（最喜欢的交通工具），遇见了……（最喜欢的动物），我对它说：……（最爱说的口头禅）。”

小游戏一定要结合小奖品，如矿泉水一瓶或者是时令水果一个，赏罚分明才能持久地调动游客的积极性。另外做游戏也要分对象，不同年龄层次的游客兴趣爱好也不同，导游人员应区别对待。

三、景点景区导游、讲解

1．交代游览注意事项

下车前，地陪应反复向游客讲清旅游车的车型、车牌号及车身明显标志；在景区导览图前（见图 2—3），地陪应讲明游览线路、所需时间、集合时间、集合地点等，并重申游览中的注意事项。

图 2—3　景区导览图

2．游览中的导游讲解

在景点景区游览过程中，地陪应针对游客身份、文化背景进行导游讲解。讲解内容应繁简适度，包括该景点景区的历史背景、特色、地位等，语言要生动有趣，表现力强。在景区景点导游的过程中，地陪应保证在计划允许时间和费用内，游客能充分地游览、观赏，做到科学安排游览线路，合理分配游览时间，劳逸结合。并应与领队、全陪协作，特别关照老弱病残游客。

3．留意游客的动向，防止游客走失

在景点导游过程中，地陪应注意游客的安全；要自始至终与游客在一起活动，注意游客的动向并观察周围的环境；和领队、全陪密切合作，随时清点人数，防止游客走失和发生意外事件。

四、参观活动

旅游团的参观活动一般都需要通过提前联络来安排落实，并由负责人接待。一般先介绍情况，然后引导参观。外宾参观时，地陪的翻译要正确、传神，介绍者言语如有不妥之处，地陪在翻译前应给予提醒，请其改正；如来不及可改译或不译，但事后要说明。

五、返程中的工作

1．回顾当天活动

返程途中，地陪应回顾当天游览、参观内容，必要时可补充讲解，并回答游客的提问。

2．风光导游

讲解与去程内容不同的沿途风光介绍。

3．宣布次日活动日程

返回饭店下车前，地陪要预报晚上或次日的活动日程、出发时间、集合地点等。提醒游客带好随身物品。地陪应首先下车，然后照顾游客陆续下车，最后向他们告别。

第四节　生 活 服 务

除参观、游览活动外，丰富多彩的其他活动也是旅游生活中必不可少的部分。这些活动是参观游览活动的继续和补充，导游人员要为游客安排文明、健康的各类其他活动。

一、社交活动服务

社交活动包括会见、宴请、舞会、文娱活动等，因团而异，遇重大的节庆活动期间或接待专业旅游团时，这类活动会相应多一些。

1. 会见、宴请

一些特殊的外国专业旅游团会见中方的同行或负责人时，必要时地陪可充当翻译；如有专属翻译人员，地陪则在一旁静听。地陪带领旅游团队参加宴请时，要准时出席，着装应得体，入席时，按主人的安排就座。宴会过程中地陪如被邀请做翻译，应尽量配合，行为举止应遵守社交场合礼仪规范。

2. 舞会

遇有重大节庆活动，如有关单位组织社交性舞会邀请游客参加时，地陪应陪同前往；如果是游客自发组织的娱乐性舞会，地陪可代为购票，但无陪同义务。

3. 文娱活动

旅游团计划内若有观看文娱节目的安排，地陪须陪同准时前往。到达地点后，向游客介绍剧场的设施，引导游客入座，向游客介绍节目的内容和特点等。总之，地陪要自始至终坚守岗位。

在大型的娱乐场所中，地陪应主动和领队、全陪配合，注意本团游客的动向和周围的环境，并提醒游客不要分散活动。

二、购物服务

购物是旅游活动的一部分，地陪应尊重游客意愿，避免强迫游客购物的问题出现，全陪和领队应按照旅游接待计划安排进行监督。

1. 在游客购物时，地陪应向全团讲清停留时间及购物的有关注意事项，介绍本地商品特色，承担翻译工作，如游客需要可协助其办理商品托运手续。

2. 为防止商贩强拉强卖，地陪有责任提醒游客不要上当受骗。

3. 商店服务员不按质论价、抛售伪劣商品、不提供标准服务时，地陪应向商店负责人反映，维护游客的利益。

知识链接

《中华人民共和国旅游法》中关于旅游购物的相关规定

根据《中华人民共和国旅游法》第四章第三十五条的规定：旅行社不得以不合理的低价组织旅游活动，诱骗旅游者，并通过安排购物或者另行付费旅游项目获取回扣等不正当利益。

旅行社组织、接待旅游者，不得指定具体购物场所，不得安排另行付费旅游项目。但是，经双方协商一致或者旅游者要求，且不影响其他旅游者行程安排的除外。

发生违反前两款规定情形的，旅游者有权在旅游行程结束后三十日内，要求旅行社为其办理退货并先行垫付退货货款，或者退还另行付费旅游项目的费用。

根据《旅游法》第五章第五十七条的规定：旅行社组织和安排旅游活动，应当与旅游者订立合同。

根据《旅游法》第五章第五十八条的规定：包价旅游合同应当采用书面形式，包括下列内容：

（一）旅行社、旅游者的基本信息；

（二）旅游行程安排；

（三）旅游团成团的最低人数；

（四）交通、住宿、餐饮等旅游服务安排和标准；

（五）游览、娱乐等项目的具体内容和时间；

（六）自由活动时间安排；

（七）旅游费用及其交纳的期限和方式；

（八）违约责任和解决纠纷的方式；

（九）法律、法规规定和双方约定的其他事项。

三、餐饮服务

1．出团当天

地陪要提前落实本团当天的用餐，对午餐、晚餐的用餐地点、时间、人数、标准、特殊要求逐一核实并确认。

2．用餐前

地陪应引导游客进入餐厅入座，介绍餐厅的有关设施、饭菜特色和酒水的类别等，全陪应积极从旁协助，组织游客分席入座，招呼餐厅服务员递送茶水。向领队告知全陪、地陪的用餐地点及用餐后的出发时间。

3．用餐中

地陪要巡视旅游团用餐情况一至两次，解答游客在用餐中提出的问题，监督、检查餐厅是否按标准提供服务并解决出现的问题。全陪也应及时询问游客用餐感受，做好反馈，督促地陪按照餐标安排团队餐。

4．用餐后

地陪应严格按实际用餐人数、标准、饮用酒水数量，如实填写《餐饮费结算单》（见表2—2）与供餐单位结账。

表 2—2　　餐费结算单

编号：

旅行社名称（盖章）			
团号		用餐日期	
游客人数	成人： 儿童：	餐标	成人：　元 / 人，儿童：　元 / 人，小计：
地陪	人	餐标	元 / 人，小计：
驾驶员	人	餐标	元 / 人，小计：
全陪	人	餐标	元 / 人，小计：
领队	人	餐标	元 / 人，小计：
餐费合计		地陪签名	
备注			

5. 风味餐的服务

团队风味餐的服务和团队正餐的服务流程相似，但因为风味餐体现的是当地的饮食文化，在用餐前和用餐过程中，导游人员应对风味餐做重点介绍。主要介绍风味餐的口味特点、具体做法以及吃法上的讲究等。

第五节　送站服务

旅游团结束本地参观游览活动以后，导游人员应保证游客顺利、安全离站，并使遗留问题得到及时妥善处理。

一、送站前的服务

1. 核实、确认交通票据

（1）旅游团离开本地前一天，导游人员应核实该团离开的交通票据，核对团号、人数、去向、班次、离站时间（要做到四项核实：计划时间、时刻表时间、票面时间、问询时间）、具体出发站点等相关事项。

（2）如果该团是乘国际航班于本站离境，导游人员应提醒或协助领队提前 72 小时确认机票。

2．商定出行李时间

在核实确认了交通票据以后，地陪应先与接待社行李员联系，了解其与饭店行李员交接行李的时间（或旅行社规定的时间），再与领队、全陪商定游客出行李的时间，并最后通知全团游客，同时要向游客讲清托运行李的具体规定和注意事项，将出行李的时间通知饭店行李员。

3．商定出发、叫早和早餐时间

针对旅游团所选的离站交通工具情况，结合驾驶员对市内交通的了解，与领队、全陪商定出最合理的时间安排，确定后再通知全团游客；如果团队出发时间较早，早于饭店餐厅服务时间，地陪应通知饭店有关部门提前安排。

4．协助饭店结清与游客有关的账目

为了在出发时能让游客顺利离开饭店前往机场（车站、码头），一方面地陪应提醒游客尽早与饭店结清有关账目（如洗衣费、长途电话费等）。如有游客损坏客房设备，地陪应协助饭店妥善处理赔偿事宜。另一方面地陪应及时通知饭店有关部门该团的退房与离店时间，提醒其提前与游客结清账目。

5．及时归还证件

一般情况下，地陪不保管旅游团的旅行证件，用完后应立即归还游客或领队。在离站前一天，地陪要检查自己的物品，看是否留有游客的证件、票据等，如有应立即归还，并当面点清。涉及出境的，要在出境前提醒领队准备好全部的护照和申报单，以便交边防站和海关检查。

二、离店服务

1．集中交运行李

离开饭店前，地陪要按预先商定好的时间和饭店行李员办好行李交接手续。具体做法是：先将本团游客要托运的行李集中，然后地陪、领队、全陪共同清点行李件数，检查行李是否捆扎牢固，有无破损等，最后交付饭店行李员，填写行李运送卡。行李件数一定要当着行李员的面点清，同时告知领队和全陪。

2．办理退房手续

旅游团离开饭店前，无特殊原因地陪应在中午 12:00 以前办理退房手续。

3．集合登车

上车前，询问游客与饭店的账目是否结清，提醒游客有无遗漏物品，收齐房间钥匙或房卡，交到饭店总服务台，并照顾所有游客登车。上车后，地陪要仔细清点人数，全体到齐后，再次提醒游客检查随身物品，并检查车内行李架上放置的物品是否稳妥，确认完毕后请驾驶员开车离开饭店。

三、送行服务

1．致欢送辞

在赴机场（车站、码头）的途中，导游人员应向全体游客致欢送辞。其内容一般包括：

（1）回顾旅游活动，感谢大家的合作。

（2）表达友谊和惜别之情。

（3）诚恳征求游客对接待工作的意见和建议。

（4）如旅游活动中有不顺利或旅游服务有不尽如人意之处，地陪可借此机会再次向游客致歉。

（5）表达美好的祝愿。

知识链接

欢 送 辞

游客朋友们：

大家好！美好的时光总是显得特别短暂，随着旅游车驶向机场，我们此次的武汉之旅就要结束了。两天的时间，武汉优美的风光，独具特色的大街小巷，相信一定给您留下了深刻的印象。在此，我代表我们××××旅行社感谢各位的支持！并代表司机王师傅和我本人感谢大家的一路配合！如果有照顾不周的地方，还请大家多多包涵！为了提高我们的服务质量，欢迎大家对我们的工作提出宝贵的意见和建议！

预祝各位在后续的行程中，能保持一份快乐的心情，能保留一段轻松的记忆，能记住您在武汉的朋友！

车停稳后，请大家携带好随身物品下车，祝各位事业一帆风顺！人生一路平安！再见！

2．提前到达机场（车站、码头），照顾游客下车

送旅游团离站，必须留出充足的时间。具体要求是：乘国际航线的出境旅游团提前起飞时间2小时送抵站点；乘国内航线的旅游团提前起飞时间1.5小时送抵站点；乘火车离站的旅游团提前开车时间1小时送抵站点。

3．办理离站手续

抵达送站站点后，地陪带领旅游团进入候站大厅，并迅速与行李员取得联系。

（1）乘坐国内航班（车、船）离站的团队。地陪将行李员移交的交通票据、行李托运单或行李卡清点核实后转交给全陪（无全陪的则交给领队），并请其当面点清。该团

所乘交通工具出发后，地陪方可离开。

（2）乘坐国际航班（车、船）离站的团队。地陪要和领队、全陪、接待社行李员一起当面交接行李，清点、核实后协助游客取走各自的行李，并向领队或游客介绍如何办理出境手续。所有游客进入隔离区后，地陪方可离开。

4. 与驾驶员结账

送走旅游团后，地陪应与驾驶员结账，在用车单据上签字，并保留好单据。如涉及现金支付租车费，地陪应索要报销凭证，并保留好单据。

四、后续工作

1. 处理遗留问题

下团后，地陪应妥善、认真地处理好旅游团的遗留问题，按有关规定和领导指示办理游客临行前托办的事宜。

2. 结账

在规定时间内按旅行社的具体要求办理。地陪应填写清楚有关接待和财务结算表格，连同保留的各种单据、接待计划、活动日程表等按规定上交有关人员，并到财务部门结清账目。

3. 做好总结工作

认真做好地陪服务工作小结，实事求是地向地接社汇报接团情况。涉及游客意见和建议的，力求引用原话，并注明游客身份。

旅游过程中如发生重大事故，要整理成文字材料向接待社和组团社汇报。

第六节　讲解员服务

讲解员服务是导游服务的一个组成部分，包括旅游区、自然保护区、博物馆、纪念馆、名人故居等地的定点导游服务。讲解员应通过专业的讲解，让游客对景区（点）或参观地的全貌和主要特色有较为全面的了解，并加强游客对保护环境、生态系统或文物意义的认识。讲解员在介绍、讲解时，应使用普通话，做到发音准确，口齿清楚，语音语调生动自然，内容专业详尽。

一、服务准备

1．熟悉情况

（1）了解接待的旅游团成员的基本情况，如人数、人员身份、旅游性质等。

（2）熟悉景点景区或参观地的管理规定。

（3）掌握必要的环境和文物保护知识及安全知识。

2．资料和设备准备

（1）准备好导游图册或有关资料。

（2）准备好导游讲解所用的工具或器材。

二、导游服务

1．致欢迎辞

欢迎辞的内容应包括代表景点景区欢迎游客前来参观、自我介绍、提供诚挚服务的愿望、欢迎游客提出意见和建议等。

2．导游讲解

景点景区或参观地简况介绍，内容包括开设背景、目的、基本概况、布局、参观游览有关规定和注意事项等。

（1）带领游客按最佳游览路线进行分段讲解。讲解内容应视游客的不同类型和兴趣、爱好有所侧重，积极引导游客参观和欣赏。讲解员对景点景区内各景观的讲解相较于地陪导游人员应当翔实全面，除了对外在特点的介绍外，还应该更深入地讲解历史价值、文化价值等方面的内容。

（2）结合有关景点景区或展品图片等宣传环境、生态系统或文物保护知识，并解答游客的问询。

（3）注意游客的动向和安全。

三、送别服务

送别服务中最重要的内容是致欢送辞，首先对游客在参观游览中的合作表示感谢；其次要征询意见与建议，并欢迎游客再度光临指导；最后可根据景点景区规模和团队接待标准向游客赠送景点景区有关资料或小纪念品。

知识链接

领队服务

根据《旅游法》第四章第三十九条规定：取得导游证，具有相应的学历、语言能力和旅游从业经历，并与旅行社订立劳动合同的人员，可以申请取得领队证。

根据《出境旅游领队人员管理办法》规定：领队业务，是指为出境旅游团提供旅途全程陪同和有关服务；作为组团社的代表，协同境外接待旅行社（以下简称“接待社”）完成旅游计划安排；以及协调处理旅游过程中相关事务等活动。

领队人员应当履行下列职责：

（一）遵守《中国公民出国旅游管理办法》中的有关规定，维护旅游者的合法权益；

（二）协同接待社实施旅游行程计划，协助处理旅游行程中的突发事件、纠纷及其他问题；

（三）为旅游者提供旅游行程服务；

（四）自觉维护国家利益和民族尊严，并提醒旅游者抵制任何有损国家利益和民族尊严的言行。

思考与练习

1. 首次沿途导游主要包括哪些内容？

2. 接站服务包括哪几个程序？

3. 当游客或领队提出与原接待计划不符且又涉及接待规模的要求时，地陪应如何应对？

4. 导游人员能否向游客介绍本地旅游产品，为什么？

5. 地陪致欢迎辞时必须包含哪几项内容？

第三章

chapter 3

散客导游服务

散客旅游与团队旅游在接待内容和接待程序上有许多相似之处，但也有一些独特的地方需要导游人员加以注意，只有掌握散客服务特点，熟悉导游人员在接待散客团队时的主要服务程序，才能更好地为游客提供服务。

学习目标

- 了解散客旅游的含义和其近年来迅速发展的原因
- 掌握散客旅游与团队旅游的区别及散客旅游的特点
- 掌握为散客服务的接站、导游及送站工作的注意事项

第一节　散客旅游概述

一、散客旅游的概念

散客旅游又称自助或半自助旅游，在国外称为自主旅游。它是由游客自行安排旅游行程，零星现付各项旅游费用的旅游形式。

散客旅游并不意味着全部旅游事务都由游客自己办理而完全不依靠旅行社。实际操作中，出游前的旅游咨询、交通票据和饭店客房的代订、委托旅行社派遣人员的途中接送、参加旅行社组织的菜单式旅游等方面会经常借助旅行社的帮助。

二、散客旅游发展的原因

随着社会、经济的发展，人们的旅游需求趋向个性化，而且交通工具越来越舒适，速度越来越快，加上预订制度的发展和完善，世界上的个体游客越来越多，世界各国也越来越重视散客的接待工作。近几年来，从国际旅游组织统计的各种数据来看，散客旅游发展迅速，已成为当今旅游的主要方式。从国内市场来看，人们旅游的类型已经从简单的观光旅游，逐步向参与型旅游发展，国内散客市场也日益扩大。导致散客旅游迅猛发展的原因主要有以下几个方面：

1．游客自主意识和旅游经验的增强

随着旅游业的发展和人们获得信息的途径越来越多，游客的旅游经验得到积累，他们的自主意识、消费者权益保护意识不断增强，游客对单独进行远距离旅行越来越自信，更愿意根据个人喜好自主出游或结伴出游。

2．游客结构的改变

随着我国经济的发展，一部分人先富裕起来，改变了游客的经济结构；青年游客逐渐增多，他们往往大胆、富有冒险精神，旅游过程中带有明显的个人爱好，不愿受团队旅游的束缚和限制；游客的旅游行为动机从传统的观光型向多主题转变，探险、修学、科考、生态等特种旅游蓬勃兴起。选择自主旅游，游客可自己确定航班，可自行选择喜欢的饭店、景点、旅游娱乐方式，然后由旅行社提供饭店、机票预订，旅游保险，导游及用车等服务，游客到达目的地后可利用旅行社提供的车辆自由旅行至任何景点，基本上和现实中的“自助餐”一样随心所欲，自由自在。自主性比较强的散客旅游成为相当多强调将体验人生、完善自我和实现自我价值作为旅游目的的游客的首选。

3．旅游交通的完善

近年来，自驾游异军突起，成为旅游市场上的一支生力军，随着我国汽车进入家庭步伐的加快，人们驾驶自己的汽车或租车出游十分盛行。铁路尤其是高铁覆盖面积的扩大，航空旅行的普及，使得散客旅游在交通工具选择上更加多样化。

知识链接

10 月 5 日，国庆长假第五天，随着强台风“彩虹”的远离，影响减弱，三亚虽然是阴雨天气，但难挡人们出行的游兴。当天，三亚市内道路交通情况良好，景区恢复正常运营。

随着国庆黄金周进入后半程，本岛居民游开始发力，众多岛内“家庭游”纷纷出游三亚。来自海南儋州的陈先生告诉记者，每年国庆黄金周海南旅游可谓人气爆棚，为了错开国庆旅游最高峰，本岛居民往往选择黄金周后半程带领家人出游，这样既能享受难得的假期团聚时光，又能保障旅游体验品质，可谓一举两得。

自驾游、散客仍是三亚旅游市场最大亮点。据统计，当天南山景区迎来各地自驾游车辆 1 200 辆次，主要来自海南、广东、广西等地。在南山景区，携家带小的“家庭团”、情侣等“自游人”出游依然火热。除了外省的散客外，海南本省居民出游到南山祈福的势头不减。

节选自《三亚日报》2015 年 10 月 6 日《自驾游和散客成为旅游主力军》报道

4．通信手段的日益发展

现代通信、网络技术的发展，使得散客无须通过旅行社来安排自己的旅行，他们越来越多地借助于网上查询功能，确定旅游线路或景点，然后对交通、住宿甚至景点门票进行在线预订或电话预订。

5．散客接待条件的改善

世界各国和我国各地区，为发展散客旅游都在努力调整其接待机制，增加或改善散客接待设施。现代化的旅游咨询电话、电脑导游显示屏、网络等为散客提供了更为便捷的服务。为了散客旅游时获得越来越详尽、迅捷的信息服务，有的旅行社还设立专门的散客接待部门，由过去的接待为主转变为空间移动服务商，为游客采集、综合和提供旅游信息、安排行程等单向旅游产品服务。旅游配套设施的完备和服务质量的提高，为旅游的散客化提供了有力的物质保障。

三、散客旅游的特点

1. 规模小、批次多

由于散客旅游多为游客单独出行或与朋友、家人结伴而行，因而人数较少。对旅行社而言，接待散客旅游所需服务的时间较短，人员周转较快，因而同团队包价旅游相比，接待散客旅游的批次比接待团体旅游的批次要多得多。

2. 自由度大，在旅游过程中要求多、变化大

散客由于自主意识强，兴趣爱好各异，加之散客多半在出游前对旅游计划的安排缺乏周密细致的考虑，因而在旅游过程中经常需要随时变更旅游计划，导致更改或全部取消出发前向旅行社预订的服务项目，并要求旅行社为其预订新的服务项目，因而对导游的要求也相对较高。

3. 预订期短，周转较快

同团体旅游相比，散客旅游的预订期比较短。因为散客旅游要求旅行社提供的不是全套旅游服务，而是一项或几项服务，有时是在出发前临时提出的，有时是在旅行过程中遇到的，他们往往要求旅行社能够在较短时间内安排或办妥有关旅行手续，从而对旅行社的工作效率提出了更高的要求。

知识链接

散客旅游产品的形式

1. 单项委托服务

单项委托服务是指旅行社为散客提供的各种按单项计价的可供选择的服务。

这类服务主要有：抵离接送，行李提取、保管和托运，代订机、车票和饭店，代租汽车，代办出入境、过境临时居住和旅游签证，代向海关办理申报检验手续，代办国内旅游委托、导游服务等。

2. 旅游咨询

一般散客出游前都会向旅行社咨询有关旅游行程中的食、住、行、游、购、娱方面的情况以及旅行社产品种类、旅游项目价格等。旅行社则要及时开展咨询服务，向前来咨询的散客提供相关的建议、旅游方案和信息等。旅游咨询服务业务形式可分为：（1）电话咨询；（2）信函咨询；（3）人员咨询；（4）网络咨询。

3. 选择性旅游

选择性旅游是旅行社通过招徕，将赴同一旅游目的地的来自不同地方的游客组织起来，分别按单项计价的旅游方式。

（1）选择性旅游销售的途径

1）设立旅行社的门市柜台，旅行社在机场、饭店、车站、码头及闹市区设立销售柜台。

2）建立销售代理网络，即旅行社与国内其他旅行社及海外经营出境散客旅游业务的旅行社建立代理业务关系，为本社代销选择性旅游产品，并向其支付约定的代理费，也可代销对方的选择性旅游产品。

（2）选择性旅游产品的主要形式

1）小包价旅游中的可选择性部分（除住房和早餐、接送费、城市交通费以外）。

2）某一景点游览、观赏文娱节目、品尝当地风味等单项服务项目。

3）“购物旅游”“半日游”“一日游”和“数日游”等。

四、散客旅游与团队旅游的区别

团队旅游和散客旅游的不同之处见表3—1。

表3—1　团队旅游和散客旅游的区别

区别	团队旅游	散客旅游
旅游方式	食、住、行、游、购、娱一般均由旅行社或旅游服务中介机构提前安排，游览行程按计划进行	外出旅游的计划和旅游行程都是由自己来安排，随意性很强，变化多，服务项目上相对较少
人数多少	由10人以上的游客组成	一般为一个人或由几人组成
付款方式	支付综合包价，即全部或部分旅游服务费用由游客在出游前一次性支付	零星现付，即购买什么、购买多少直接按零售价格当场现付
价格	团体旅游人数多，购买量大，在某些项目（如机票、住房）上可以享受折扣，因而在价格上有一定的优惠	零星购买，每个服务项目都按零售价格支付，相对较贵

课堂讨论

散客旅游最大的特色是什么？

第二节　散客服务程序

散客部导游人员随时都在办理接待散客的业务，按散客的具体要求提供办理单项委托服务的事宜。一般情况下，柜台工作人员先用电话通知散客部计调人员，请其按要求配备地陪和车辆，并填写《旅游委托书》(既接待计划)。地陪按《旅游委托书》的内容进行准备。

一、接站服务

1. 服务准备

导游人员接受迎接散客的任务后，应认真做好迎接的准备工作，它是接待好散客的前提。

(1) 认真阅读接待计划

导游人员应明确迎接的日期、航班（车、船）的抵达时间、散客的姓名及人数和下榻的饭店，有无航班（车、船）及人数的变更，提供哪些服务项目，是否与其他散客合乘一辆车至下榻的饭店等。

(2) 做好出发前的准备

导游人员要准备好所迎接散客的姓名或小包价旅游团的欢迎标志、地图，需随身携带的导游证、胸卡、导游旗和接站牌；检查所需票证，如离港机（车、船）票、餐单、游览券等。

(3) 联系交通工具

导游人员要与计调部或散客部确认驾驶员姓名并与其联系，约定出发的时间、地点，明确车型和车牌号。

2. 接站服务

导游人员要提前抵达接站地点。如接的是航班乘客，导游人员应提前 30 分钟到达机场，在国际或国内进港隔离区门外等候；如散客乘车或船到达，导游人员也应提前 30 分钟抵达接站地点。

接散客比接旅游团要困难，因为散客人数少，稍有疏忽，就会出现漏接，如遇到散客自行到饭店或被他人接走的情况。因此，在航班（车、船）抵达时，导游人员和驾驶员应站在不同的出口迎接。

课堂讨论

如果没有接到应接的散客，导游人员应该怎样做？

导游人员在迎接散客的过程中，应适时询问散客在本地停留期间还需要旅行社为其代办何种事项，并表示愿竭诚为其提供服务。

3．沿途导游服务

在从机场（车站、码头）至下榻的饭店途中，导游人员对散客应像对团队一样进行沿途导游，介绍所在城市的概况、下榻饭店的地理位置和设施、沿途景物及有关注意事项等。如导游人员接待的是临时组合的小包价旅游团，初次与游客见面时，应代表旅行社、驾驶员向他们致以热烈的欢迎，表示愿竭诚为大家服务，希望大家予以合作，多提宝贵意见和建议，并祝大家游览愉快、顺利；对于散客，沿途导游服务可采取对话的形式进行。

4．入住饭店服务

入住饭店时，应使散客尽快完成住宿登记手续，导游人员应热情介绍饭店的服务项目及入住的有关注意事项，与散客确认日程安排与离店的有关事宜。

（1）帮助办理入住手续

抵达饭店后，导游人员应帮助散客办理饭店入住手续。按接待计划向散客明确说明饭店将为其提供的服务项目，并告知散客离店时要现付的费用和项目。记下散客的房间号码。散客行李抵达饭店后，导游人员负责核对行李，并督促行李员将行李运送到散客的房间。

（2）确认日程安排

导游人员在帮助散客办理入住手续后，要与散客确认日程安排。当散客确认后，将填好的日程安排表、游览券及赴下站的飞机（车、船）票交与散客，并请其签字确认。如散客参加旅游车游览，应将游览券、游览徽章交给散客，并详细说明各种票据的使用方法，集合时间、地点，以及旅游车的导游人员召集散客的方式，在何处等车、上车等相关事宜。对于有送机（车、船）服务项目的散客要与其商定好离站时间和送站安排。

5．确认机票

如散客将搭乘航班去下一站，而散客又不需要旅行社为其提供机票时，导游人员应叮嘱散客要提前预订和确认机票；如散客需要协助确认机票时，导游人员可告知其确认机票的电话号码或网络查询方法；如散客愿意将机票交与导游人员帮助确认，而接待计划上又未注明需协助确认机票，导游人员可向散客收取确认费，并开具证明。

导游人员帮助确认机票后，应向散客部或计调部报告确认后的航班号和离港时间，以便及时派人、派车，提供送机服务。并将收取的确认机票服务费交给旅行社。

6. 后续工作

迎接散客完毕后，导游人员应及时将同接待计划有出入的信息及散客的特殊要求反馈给散客部或计调部。

二、导游服务

在游览过程中，散客旅游因无领队或全陪，因此相互之间没有约束，集合很困难，导游人员更应尽心尽力，多做提醒工作，多提合理建议，努力使散客参观游览安全、顺利。

1. 出发前的准备

出发前，导游人员应做好有关的准备工作，如携带游览券、导游小旗、宣传材料、游览图册、导游证、胸卡、名片等，并与驾驶员联系集合的时间、地点，督促驾驶员做好有关的准备工作。

导游人员应提前 15 分钟抵达集合地点，引导散客上车。如是散客小包价旅游团，各游客分住不同的饭店，导游人员应偕同驾驶员驱车按时到各饭店接客。游客到齐后，再驱车前往游览地点。根据接待计划的安排，导游人员必须按照规定的路线和景点率团进行游览。

2. 沿途导游服务

散客的沿途导游服务与旅游团队大同小异。

导游人员除做好沿途导游之外，应特别向散客强调在游览景点时注意安全。

案例学习

地陪小王在陪同一对老年夫妇游览故宫时工作认真负责，在两个半小时内向游客详细讲解了午门、三大殿、乾清宫和珍宝馆。老人提出了一些有关故宫的问题，小王说："时间很紧，现在先游览，回饭店后我一定详细回答您的问题。"游客建议她休息，她都谢绝了。虽然很累，但她很高兴，认为自己出色地完成了导游讲解任务。然而，出乎意料的是，那对老年夫妇不仅没表扬她，反而写信给旅行社领导批评了她。她很委屈，但领导了解情况后认为游客批评得对。

想一想，为什么旅行社的领导认为老年游客批评得对？导游人员应该怎样接待老年散客？

点评：

上述案例中，小王不了解老年游客的兴趣爱好、体力和心情，让他们做了一次疲劳的游览。老年游客建议小王休息，实际上是他们累了，想休息一下。另外，小王在那么短的时间安排太多内容却不能及时与游客互动，回答游客感兴趣的内容，也造成了游客的不满。

接待老年散客的正确做法是：

1. 对游览线路，导游要提出建议，做好顾问，但由游客选择，不能勉强游客接受你的安排。

2. 对老年散客，一定要注意劳逸结合，他们提出休息，就应找地方休息，有时还要建议他们休息，不要强拉他们去游览。

3. 对景点做必要的介绍后，导游讲解最好采取对话、讨论的形式。

4. 一般情况下，要在现场回答游客提出的关于景点的问题。

3. 现场导游讲解

抵达游览景点后，导游人员应对景点的历史背景、特色等进行讲解，语言要生动有趣。

提示：单个游客，导游人员可用对话或问答形式讲解。一些散客乐于提出问题和讨论问题，导游人员要有所准备。

如果是散客小包价旅游团，导游人员应陪同旅游团，边游览边讲解，随时回答游客的提问，并注意观察游客的动向和周围的情况，以防游客走失或发生意外事故。

游览结束后，导游人员要负责将游客分别送回各自下榻的饭店。

4. 自由活动安排

（1）散客的自由活动时间较多，导游人员要当好顾问，多提好的建议，帮助安排车辆，有时可陪同前往，但要特别注意安全。

（2）按散客要求安排晚间活动，但要引导他们去健康、安全的游乐场所。

（3）多与海外散客交谈，回答问题，宣传中国，增进了解。

（4）帮助散客解决生活及其他方面的困难，满足他们的购物要求。

5. 其他服务

可介绍或协助安排晚间娱乐活动，把可观赏的文艺演出、体育比赛、宾馆饭店的活动告知散客，请其自由选择。

6. 后续工作

散客多采用付现款的方式参加游览，因此，如果任务书或委托书中注明需收现金，则在收款后立即将现金上交旅行社财务部。

接待任务完成后，导游人员应及时将接待中的有关情况反馈给散客部或计调部，或填写《零散旅游者登记表》。

课堂讨论

如果散客旅游任务书和委托书中有旅游途中向游客收取现金的条款，导游应如何处理？

三、送站服务

1. 服务准备

（1）详细阅读送站计划

导游人员接受送站计划后，应详细阅读送站计划，明确所送散客的姓名或散客小包价旅游团人数、离开本地的日期、所乘航班（车、船）及下榻的饭店；有无航班（车、船）与人数的变更；是否与其他散客或散客小包价旅游团合乘一辆车去机场（车站、码头）。

（2）做好送站准备

导游人员必须在送站前 24 小时与散客或散客小包价旅游团确认送站时间和地点。如没有取得联系，应留言并告知再次联络的时间，然后再联系确认。要备好散客的机（车、船）票。

同散客部或计调部确认与驾驶员会合的时间、地点及车型、车牌号。

提示：如散客乘国内航班离站，应提前 1.5 小时到达机场；如散客乘国际航班离站，必须提前 2 小时到达机场；如散客乘火车离站，应提前 40 分钟到达车站。

2. 到饭店接送散客

按照与散客约定的时间，导游人员必须提前 20 分钟到达散客下榻的饭店，协助散客办理离店手续，交还房间钥匙，付清账款，清点行李，提醒散客带齐随身物品，然后照顾散客上车离店。

提示：如导游人员到达散客下榻的饭店后，未找到要送站的散客，导游人员应到饭店前台了解其是否已离店，并与驾驶员共同寻找，20 分钟仍未找到的，应向散客部或计调部报告，请求协助查询，并随时保持联系。

如果导游人员要送站的散客与住在其他饭店的散客合乘一辆车去机场（车站、码头），要严格按照约定的时间顺序抵达各饭店。

如果合车运送散客途中遇到严重交通堵塞或其他极特殊情况，需调整原约定的时间顺序和行车路线时，导游人员应及时打电话向散客部或计调部报告，请工作人员将时间上的变化通知未达饭店的散客，或请其采取其他措施。

3. 送站工作

在送散客到机场（车站、码头）途中，导游人员应向散客征询在本地停留期间或游览过程中的感受、意见和建议，并代表旅行社向散客表示感谢。

到达机场（车站、码头）后，导游人员应提醒和帮助散客带好行李和物品。

导游人员在同散客告别前，应向机场人员确认航班是否准时起飞，如果航班推迟起飞，应主动为散客提供力所能及的服务和帮助。

如果确认航班准时起飞，导游人员应将散客送至隔离区入口处，同其告别，热情欢迎他（她）们下次再来。如有散客再次返回本地，要同散客约好返回等候地点。散客如乘国内航班离站，导游人员要待飞机起飞后方可离开机场。

送散客去火车站时，导游人员要安排好散客从规定的候车室上车入座，协助散客安顿好行李后，将车票交给散客，然后同其道别。

课堂讨论

如果送站时出现航班延误，导游人员应该如何处理？

4．结束工作

由于散客经常有临时增加旅游项目或其他变化的情况而需要导游人员重新计算和收取各项费用，因此，在完成接待任务后，应及时结清所有账目，并及时将有关情况反馈给散客部或计调部。

送别散客后，导游人员应及时将有关情况反馈给计调部门。

思考与练习

1．散客旅游和团队旅游有哪些区别？
2．简述散客导游服务的特点。
3．简述散客旅游服务流程的程序。
4．在接待服务时，导游人员如果没有接到散客应如何处理？
5．导游人员如何为散客提供导游讲解服务？

第四章

chapter 4

导游人员服务技能

导游人员是旅游团队中的灵魂，游客在旅游过程中获得的是全过程服务，且被服务的时间较长，所以游客对导游人员的服务水平要求非常高。为了达到游客理想中的导游服务效果，满足他们求知、求美、求乐、求享受的心理，要求导游人员必须充分掌握和灵活运用导游服务技能。

学习目标

- 了解导游人员带团的特点和原则
- 掌握游客心理服务技能和团队协作技能
- 掌握导游人员的组织技能，学会处理投诉

第一节 导游人员心理服务技能

心理服务也称情绪化服务，是导游人员在心理上对游客施加影响，使其在精神上获得享受并留下难忘的印象，使他们高兴而来，满意而归。

游客的个别要求难以在旅游合同中反映出来，而且，旅游过程中突发事件多，游客的想法和要求会在心理上产生，继而在情绪上、行动上有所体现，影响旅游质量。这些情况要求导游人员除了要提供旅游合同中规定的服务之外，还有必要向游客提供心理服务。

一、了解游客的心理

导游人员要了解游客的心理、具体个性特点与变化之后，才能有效地向游客提供心理服务。了解游客心理主要从以下几个方面入手，具体方法见表4—1。

表4—1　　了解游客心理的方法

基本原则	要　点
国籍	西方人较开放、感情外露，喜欢直截了当地表明意愿；东方人较含蓄、内向，往往委婉地表达意愿，其思维方式一般从抽象到具体
社会阶层	来自上层社会的游客大多严谨持重，发表意见时往往经过深思熟虑，他们期待听到高品位的导游讲解，以获得高雅的精神享受；其他游客则较喜欢不拘形式的交谈，话题更广泛，比较关心带有普遍性的社会问题及当前的热门话题
年龄性别	年老游客对游览名胜古迹、会见亲朋老友有较大的兴趣，他们希望得到团队其他人的尊重；年轻游客爱好逐新猎奇，喜欢多动多看，对热门社会问题有浓厚的兴趣；女性游客则偏爱谈论购物及服饰化妆，喜欢听带故事情节的导游讲解
地理环境	游客对那些与自己所处地理环境迥然不同的旅游目的地往往情有独钟
出游动机	导游人员把握游客的旅游动机，能更恰当地安排旅游活动和提供导游服务
个性特征	游客的个性各不相同，导游人员从游客的言行举止可以判断其个性，从而达到了解游客并适时提供心理服务的目的。因此，导游人员在向游客提供服务时要因人而异，要随时观察游客的情绪变化，及时调整，力争使导游服务更具针对性，获得令游客满意的效果。游客的具体个性特点和导游人员对策见表4—2
旅游活动各阶段游客的心理变化	由于生活环境和生活节奏的变化，在旅游的不同阶段，游客的心理活动也会随之发生变化。旅游各阶段游客的心理变化及导游人员对策见表4—3

表 4—2　　游客的具体个性特点及导游人员对策

个性特点	游客表现	导游人员对策
活泼型	爱交际，喜讲话，好出点子，乐于助人，喜欢游览项目富于变动性	可适当地请他们帮助活跃气氛，协助照顾年老体弱者等。并在合适的场合表扬并感谢他们的帮助
稳重型	不轻易发表见解，不主动与人交往，不愿麻烦他人	尊重这类游客，主动多接近他，尽量满足他合理而可能的要求；与他们交谈要客气、诚恳，速度要慢，声调要低；讨论问题时要平心静气，认真对待他们的意见和建议
急躁型	争强好胜，好遗忘，比较喜欢离群活动	避其锋芒，不与他们争论，不激怒他们；对他们要多微笑，服务要热情周到，而且要多关心他们，随时注意他们的安全
忧郁型	忧郁孤独，少言语但重感情	尊重他们的隐私，适度亲近和关心体贴他们，多主动与他们交谈些愉快的话题

表 4—3　　旅游各阶段游客心理变化及导游人员对策

旅游阶段	心理表现	导游人员对策
初期	求安全心理、求新心理	消除游客的不安全感；合理安排活动，满足他们的求新心理
中期	懒散心态、求全心理、群体心理	在旅游中期阶段的工作最为艰巨，也最容易出差错。导游人员应集中精力提供服务
后期	忙于个人事务的处理	留出充足的时间让游客处理自己的事情，对游客的各种疑虑要尽可能耐心地解答，必要时做一些弥补和补救工作

二、调整游客的情绪

游客在旅游过程中，会随着自己的需要是否得到满足而产生不同的情感体验。如果他们的需要得到满足，就会产生愉快、满意、欢喜等肯定的、积极的情感；反之则会产生烦恼、不满、懊恼甚至愤怒等否定的、消极的情感。导游人员要善于从游客的言行举止和表情变化去了解他们的情绪，在发现游客出现消极或否定情绪后，应及时找出原因并采取相应措施来消除或进行调整。

1．补偿法

补偿法是指导游人员从物质上或精神上给游客以补偿，从而消除或弱化游客不满情绪的一种方法。例如，如果没有按协议书上注明的标准提供相应的服务，应给予游客补偿，而且替代物一般应高于原有标准；如果因故无法满足游客的合理要求而导致其不满时，导游人员应实事求是地说明困难，诚恳地道歉，以求得游客的谅解，从而消除游客的消极情绪。

2．分析法

分析法是指导游人员将造成游客消极情绪的原委向游客讲清楚，并一分为二地分析事物的两面性及其与游客的得失关系的一种方法。

课堂讨论

某旅游团由于交通原因不得不改变日程，这样一来，游客的行程要多花时间，为了平息游客的不满，导游人员应怎样用分析法来获得良好的效果呢？

3．转移注意法

转移注意法是指在游客产生烦闷或不快情绪时，导游人员有意识地调节游客的注意力，使其从不愉快、不顺心的事情上转移到愉快、顺心的事情上去。如当游客不开心时，导游人员除了说服或安慰游客以外，还可通过讲笑话、唱山歌、学说本地话或讲民间故事等形式来活跃气氛，使游客的注意力转移到有趣的文娱活动上来。

三、激发游客的游兴

导游服务要取得良好的效果，需要导游人员在游览过程中激发游客的游兴，使游客自始至终沉浸在兴奋、愉悦的氛围之中。具体方法有以下几种：

1．直观形象激发游客的游兴

导游人员应通过突出游览对象本身的直观形象来激发游客的游兴。例如，江西庐山三叠泉瀑布的山泉喷薄而出，分三段落入涧底，缕缕雾霭，层层叠叠，十分壮观。导游人员要引导游客从最佳的角度观赏，才能突出三叠泉的直观形象，使游客产生叹为观止的情绪，激发游客强烈的兴趣。

2．语言艺术激发游客的游兴

导游人员运用语言艺术可以调动游客的情绪，激发游客的游兴。悬念法、引用法等方法的运用可营造出融洽、愉快的氛围，使游客的游兴更加浓烈。

3．组织丰富多彩的活动激发游客的游兴

一次成功的旅游活动，仅有导游讲解是远远不够的，导游人员还应抓住时机，组织丰富多彩的文娱活动，动员全团游客共同营造愉快氛围。

在旅游活动开始后，导游人员应请全团游客逐一做自我介绍，以加速彼此之间的了解，缓解拘谨的气氛，同时还可以发现游客的特长；途中可组织游客唱歌、猜谜语、做游戏。导游人员也应有一两手“绝活”，在游览过程中适时展示自己的才艺，能引起游客对导游的亲近感，增加游兴。

4．使用声像导游手段激发游客的游兴

声像导游是导游服务重要的辅助手段，去景点游览之前，导游人员如能先为游客放映一些与景点内容相关的电影、纪录片等，往往能收到事半功倍的效果。导游人员还可利用旅游车上的音响设备配上适当的音乐，或在讲解间歇时播放一些有着浓郁地方特色的歌曲、乐曲、戏曲等，营造轻松愉快的气氛，使游客始终保持游兴和兴奋、愉悦的心情。

5. 引导游客观景赏美

旅游活动本身就是一项寻觅美、欣赏美、享受美的综合性审美活动。因此，导游人员要灵活掌握观景赏美的方法，适时引导游客观赏到最好的风景。

（1）动态观赏和静态观赏

通过动态观赏，移步换景，获得空间进程的流动美或者选择最佳位置驻足观赏；通过感觉、联想来引导游客欣赏美、体验美感。

（2）观赏距离和观赏角度

导游人员带团游览时要善于引导游客从最佳距离、最佳角度去观赏风景，使其获得美感。如在黄山半山寺望天都峰山腰，有堆巧石状似公鸡，头朝天门，振翅欲啼，人称“金鸣叫天门”；但到了龙蟠坡，观看同一堆石头，看到的则似五位老翁在携杖登险峰，构成了“五老上天都”的美景。

（3）观赏时机

观赏美景要掌握好时机，即掌握好季节、时间和气象的变化。

（4）观赏节奏

观景赏美是为了让游客愉悦身心、获得享受，如果观赏速度太快，不仅使游客筋疲力尽，达不到观赏目的，还会损害他们的身心健康，甚至会影响旅游活动的顺利进行，因此导游人员要注意调节观赏节奏。

知识链接

在游览西安半坡遗址时，优秀的导游人员会在讲解中营造出一种意境，为游客勾画出一幅半坡先民们集体劳动、共同生活的场景：“在 6 000 多年前的黄河流域，就在我们脚下的这片土地上，妇女们在田野中从事农业生产，男人们在丛林中狩猎、在河流中捕鱼，老人和孩子们在采集野果。太阳落山了，村民们聚集在熊熊燃烧的篝火旁童叟无欺、公平合理地分配着辛勤劳动的成果，欢声笑声此起彼伏……半坡先民们就是这样依靠集体的力量向大自然索取衣食，用辛勤艰苦的劳动创造了光辉灿烂的新石器文化”。听到这里，游客们就会时而屏息细听，时而凝神遐想，这时导游人员再进一步发挥：“如果没有这 6 000 多年前的陶器，我们的生活也许是另外一个模样”。至此，游客的想象思维被充分激发起来，导游人员的境界也得到了升华。

如果导游人员面对那些打磨的石器、造型粗糙的陶器，只是向游客平平淡淡地介绍这是什么，那是什么，游客就会感到枯燥乏味提不起兴趣。

第二节　导游人员协作服务技能

导游工作是联系各项旅游服务的纽带和桥梁。导游人员在带团时离不开相关旅游服务部门和工作人员的协作，而导游人员的服务技巧也会促进相关旅游服务部门和人员的工作。导游工作与其他旅游服务工作相辅相成的关系决定了导游人员必须掌握一定的协作技能。

一、地陪与全陪和领队的协作

全陪和领队是受组团社委派，全权代表该旅行社带领旅游团从事旅游活动的人员。在旅游团中，领队既是组团社的代表，又是游客的代言人，还是导游服务集体中的一员，在海外社、组团社和接待社之间及游客和导游人员之间起着桥梁作用。地陪能否圆满完成任务，在很大程度上要依靠全陪和领队的合作和支持，因此，搞好与全陪和领队的关系就成为地陪不可忽视的重要内容。

1．尊重他们，遇事多商量

全陪和领队多数在旅行社任职多年并受过专业训练，对旅游业的业内情况相当熟悉。他们对地陪服务有着更权威的认识，并对整个行程十分了解。而且他们是旅行社之间合作的见证人，也是旅游团中的“重点游客”，对他们一定要尊重。地陪对全陪、领队的尊重，就是要尊重他们的人格，尊重他们的工作，尊重他们的权利；重视他们提出的意见和建议；遇事要多与他们商量。

2．关心他们的生活，支持他们的工作

全陪和领队在异国他乡履行自己的使命，进行着协调工作，十分辛苦。由于他们的“特殊的身份”，游客只是要求他们如何关心自己而很少主动关心他们。因此，地陪如果在生活上对全陪和领队上表示关心、在工作上给予支持，他们会很感动。当全陪、领队与游客之间产生矛盾时，地陪不应介入，要尊重他们的工作权限，必要时可给予帮助。这样，有利于相互产生信任感，加强彼此间的合作关系。此外，作为旅游团中的“重点人物”，地陪可适当给领队以照顾或提供方便，但应掌握分寸，不要引起游客的误会和心理上的不平衡。

3．注意沟通，避免正面冲突

在导游服务过程中，地陪与全陪或领队对某些问题的意见有分歧是正常的。一旦出现此类情况，地陪应主动与他们沟通，力求尽早消除误解。有时，并非地陪的原因而造成旅游活动的不顺利，如航班取消、临时更换游览项目等，一些缺乏耐心的全陪或领队就会冲着地陪发火，在这种情况下，地陪千万不能以非我责任为由，与他们针锋相对，公开冲突。要牢记“退一步海阔天空”，冲突面前尽量少开口，开口则是道歉，事后再向他们作解释。

4. 灵活应变，掌握工作主动权

在导游服务中，不乏有为突出自己地位、讨好游客，甚至为掩盖组团社暴利而一味照顾自己游客的全陪和领队。他们为讨好游客会对地陪指手画脚，当着全团游客的面“抢话筒”，一再提“新主意”，给地陪出难题，使地陪的工作比较被动。遇到类似情况地陪不能被牵着鼻子走，应采取措施变被动为主动。

提示：对全陪和领队的要求，有理、有利、有节地与其讲道理。地陪更应注意的是既以理服人、不卑不亢，又不与之公然冲突，更不能当众羞辱全陪或领队。要维护他们的自尊和威信，达到合作共赢的目的。

二、地陪与旅游车驾驶员的协作

旅游车驾驶员在旅游活动中扮演非常重要的角色，驾驶员通常都熟悉旅游线路和路况，经验丰富，导游人员与驾驶员的配合情况，是导游市内交通服务工作能否顺利进行的重要因素之一。

1. 及时通报信息

（1）与驾驶员研究日程安排，征求驾驶员对旅游日程安排的意见，如旅游线路有变化时，地陪应提前告知驾驶员。

（2）如果接待的是外国游客，在旅游车到达景点时，地陪用外语向游客宣布集合时间、地点后，要记住再用中文告诉驾驶员一遍。

2. 协助驾驶员做好安全行车工作

为了减轻驾驶员的工作压力，便于其更好开展工作，导游人员可经常为驾驶员做一些小的事情：如帮助驾驶员更换轮胎，安装或卸下防滑链，或协助驾驶员进行小修理；保持旅游车挡风玻璃、后视镜和车窗的清洁。行车途中不要与驾驶员闲聊，以免影响驾驶安全；遇到险情，由驾驶员保护车辆和游客，导游人员去求援，或互换角色。

3. 不要干涉驾驶员的驾驶工作

不要过多干涉驾驶员的驾驶工作，尤其不应对其横加指责，使驾驶员感到被轻视。

三、导游人员与旅游接待单位的协作

旅游产品是一种组合性的整体产品，不仅包括沿线的旅游景点，还包括沿线提供的交通、食宿、购物、娱乐等各种旅游设施和服务，需要旅行社、饭店、景点和交通、购物、娱乐部门等旅游接待单位的高度协作。作为旅行社的代表，导游人员应处理好与旅游接待单位的协作。

1．尊重旅游接待单位的劳动

尊重是搞好协作的前提，也是衡量导游人员修养的重要标志。导游人员应尊重他人的劳动和人格。当其他专业人员登场为游客服务时，导游人员应保持低调，切忌以高人一等自居，随意发号施令。

2．及时协调，衔接好各环节的工作

导游人员在服务过程中，要与饭店、车队、机场（车站、码头）、景点、商店等许多部门和单位打交道，其中任何一个接待单位或服务工作中的某一环节出现失误和差错，都可能导致“一招不慎，满盘皆输”的不良后果。导游人员在服务工作中要善于发现或预见各项旅游服务中可能出现的差错和失误，通过各种手段及时予以协调，使各个接待单位的供给正常有序。例如，旅游团活动日程变更涉及用餐、用房、用车时，地陪要及时通知相关的旅游接待单位并进行协调，以保证旅游团的食、住、行能有序衔接。

3．主动配合，争取协作单位的帮助

导游服务工作的特点之一是独立性强，导游人员一人在外独立带团，常常会有意外或紧急情况发生，仅靠导游人员一己之力，往往难以解决问题，因此导游人员要善于利用与各地旅游接待单位的协作关系，主动与协助单位有关人员配合，争取得到他们的帮助。例如，迎接散客时，为避免漏接，地陪可请驾驶员站在另一个出口处举牌帮助迎接。

课堂讨论

旅游团离站时，一名游客到达机场后发现自己的贵重物品遗忘在饭店客房内，导游人员应该怎么办？

四、导游人员与旅游团成员的协作

为游客提供优质服务，使他们的需求得到最大满足，是导游人员与游客搞好关系的根本途径。只有正确认识导游人员的角色，努力满足游客的需要，才能真正处理好导游人员与游客的关系。

1．正确认识导游人员的角色

导游人员必须坚持“游客就是上帝”的服务原则，热情诚恳、细致入微地为游客服务，在与游客的短期交往中，缩短彼此的距离，建立伙伴关系。

导游人员与游客之间是服务与被服务的关系，是不平等关系，也是社会分工的必然现象，并非导游人员低人一等。

2. 协调好游客间的不同意见

一般来说，游客出门旅游都有交友的愿望，他们期待和谐愉快的旅行生活，不愿与人发生矛盾。但是，由于旅游团队是一个临时性的松散组织，游客之间存在个体差异，难免会产生矛盾和分歧。导游人员要带好一个旅游团，必须增强团队的凝聚力，从而提高旅游活动质量。面对游客间的纠纷要掌握正确的处理方法（见表 4—4）。

表 4—4 游客之间的矛盾处理

原因	常见表现	导游处理对策
游客自身引起	因利益冲突或意见不合，饮食、就寝习惯不同产生矛盾	不应介入，也不要背后说长论短，可通过领队出面调解，以缓和旅游活动气氛
由导游人员工作失误引起	为了争得比较好的座位，分得朝向、楼层比较满意的房间等产生矛盾	应事先根据个人不同情况加以合理分配，或事先做必要的说明，或将较理想的位置分给需要照顾的游客

3. 特殊团队的接待技能

游客来自不同的国家或地区，他们在年龄、职业、宗教信仰、社会地位等方面存在较大的差异，有些游客的特点和劣势尤为突出，需导游人员给予特别重视和关照，因此称之为特殊游客或重点游客。虽然他们都是以普通游客的身份而来，但接待方法有别于一般的游客。

（1）对儿童游客的接待

导游人员在做好旅游团中成年游客接待工作的同时，还应根据儿童游客的生理和心理特点，做好专门的接待工作。

1）注意儿童游客的安全。儿童游客，尤其是 2 ~ 6 岁的儿童游客，天性活泼好动，因此要特别注意他们的安全。导游人员可酌情讲些有趣的童话和小故事吸引他们，既活跃了气氛，又使他们不到处乱跑，保证了安全。

2）掌握“四不宜”原则。对有儿童游客的旅游团，导游人员应掌握“四不宜”的原则：不宜为讨好儿童游客而给其买食物、玩具；不宜在旅游活动中突出儿童游客，而冷落其他游客；即使家长同意也不宜单独把儿童游客带出活动；儿童游客生病，应及时建议家长请医生诊治，而不宜建议其给儿童游客服药，更不能提供药品给儿童游客服用。

3）对儿童游客多给予关照。导游人员对儿童游客的饮食起居要特别关心，多给一些关照。如天气变化时，要及时提醒家长给儿童游客增减衣服；如天气干燥，还要提醒家长多给儿童游客喝水等。考虑到儿童活泼、爱与人交往的特点，导游还可在合适的时间安排他们表演节目，既活跃团队气氛，又可满足儿童游客及其家长的成就感。

4）注意儿童游客的接待价格标准。对儿童游客的收费是根据不同的年龄有不同的收费标准和规定的，如机票，车、船票，住房，用餐等，导游人员应特别注意。

（2）对老年游客的接待

对待老年游客，导游人员应通过谦恭尊敬的态度、体贴入微的关怀及不辞辛苦的服务做好接待工作。

1）妥善安排日程。导游人员应根据老年游客的生理特点和身体情况，妥善安排好日程。首先，日程安排不要太紧，活动量不宜过大，项目不宜过多。在不减少项目的情况下，尽量选择便捷路线和有代表性的景观，少而精，以细看慢讲为宜。其次，应适当增加休息时间。参观游览时可在上下午各安排一次中间休息，在晚餐和看节目之前，应安排回饭店休息一会儿，晚间活动不要回饭店太晚。此外，带老年游客团不能用激将法和诱导法，以免体力消耗大，发生危险。

2）做好提醒工作。老年游客由于年龄大，记忆力减退，导游人员应每天重复讲解第二天的活动日程并提醒注意事项。如预报天气情况，提醒增减衣服，带好雨具，穿上旅游鞋等。进入游人多的景点时，要反复提醒他们提高警惕，带好自己的随身物品。老年游客视力差，使用大额钞票较困难。为了使用方便或不受蒙骗，地陪应提醒其准备适量的小面额钱币。此外，由于饮食习惯和生理上的原因，带老年游客团时，地陪还应适当增加去洗手间的次数，并提前提醒他们准备好零钱（用于收费洗手间）。

3）游览放慢，耐心细致。老年游客大多数腿脚不太灵活，有时甚至力不从心。地陪在带团游览时，一定要注意放慢行走速度，照顾走得慢或落在后面的老年游客，选台阶少、较平坦的地方走，以防摔倒碰伤；在向老年游客讲解时，导游人员也应适当放慢速度、加大音量，吐字要清楚，必要时还要多重复。老年游客在旅游过程中喜欢提问题，好刨根问底，再加上年纪大，记忆力不好，一个问题经常重复问几遍，遇到这种情况，导游人员不应表现出反感，要耐心、不厌其烦地给予解答。

4）预防游客走失。每到一个景点，地陪要不怕麻烦，应反复多次告诉老年游客旅游路线及旅游车停车的地点，尤其是上下车地点不同的景点，一定要提醒老年游客记住停车地点。另外，还要提前嘱咐老年游客，一旦发现找不到团队，千万不要着急，不要到处乱走，要在原地等待导游人员的到来。导游人员最好给他们留下一个写有自己联系方式的小纸条。

5）尊重西方传统。许多西方老年游客，在旅游活动中不愿过多受到导游人员的特别照顾，认为自己不是无用之人。因此，对此类游客应尊重西方传统，注意照顾方式。

（3）对残疾游客的接待

在旅游团队中，有时会有聋哑、行走障碍、视力障碍（盲人）等残疾游客，在接待这些残疾游客时，导游人员要特别注意方式方法，因为，残疾游客的自尊心和独立性特别强，虽然他们需要关照，但又不愿给别人增添麻烦。在任何时候、任何场合都不应讥笑和歧视他们，而应表示尊重和友好。既要热情周到，尽可能地为他们提供方便，又要不给他们带来压力或伤害他们的自尊心。

1）适时、恰当地关心照顾。接到残疾游客后，首先，导游人员应适时地询问他们需要什么帮助，但不宜过多询问，以免引起他们反感；其次，如果残疾游客不主动介绍，不要打听其残疾的原因，以免引起不快。此外，在工作中要时刻关注残疾游客，注意他们的行踪，并给予恰当的照顾。尤其是在安排活动时，要多考虑残疾游客的生理条件和特殊需要，如选择路线时尽量不走或少走台阶、通知餐厅安排在一层餐厅就餐等。

2）具体、周到的导游服务。对不同类型的残疾游客，导游服务应具有针对性。接待聋哑游客要安排他们在旅游车前排就座，因为他们需要通过导游人员讲解时的口形来了解讲解的内容。为了让他们获得更多的信息，导游人员还应有意面向他们放慢讲解的速度。接待行走障碍游客，导游人员应根据接待计划分析游客是否需要轮椅，如需要应提前做好准备。接团时，要与计调或有关部门联系，最好派有行李箱的车，以便放置轮椅或其他物品；对有视力障碍（盲人）的游客，导游人员应安排他们在旅游车前排就座，能用手触及的地方、物品可以尽量让他们触摸。在导游讲解时可主动站在他们身边，讲解内容要力求细致生动，口语表达更加准确、清晰，讲解速度也应适当放慢。

（4）对宗教界人士的接待

来中国旅游的外国游客中，常常会有一些宗教界人士，他们以游客的身份来华旅游，同时进行宗教交流活动，导游人员要根据他们身份特殊、要求较多的特点，做好接待工作。

1）注意掌握宗教政策。导游人员平时应加强对宗教知识和我国宗教政策的学习，接待宗教旅游团时，既要注意把握政策界线，又要注意宗教游客的特点。例如，在向游客宣传我国的宗教政策时，不要向他们宣传“无神论”，尽量避免有关宗教问题的争论，更不要把宗教、政治、国家之间的问题混为一谈，随意评论。

2）提前做好准备工作。导游人员在接到接待宗教团的计划后，要认真分析接待计划，了解接待对象的宗教信仰及其职位，对接待对象的宗教教义、教规等情况要有所了解和准备，以免在接待中发生差错。如该团在本地旅游期间包含星期日，要征求领队或游客的意见，是否需要安排去教堂，如有需要，则要了解所去教堂的位置及开放时间。

3）尊重游客信仰习惯。在接待过程中，要特别注意宗教游客的宗教习惯和戒律，尊重他们的宗教信仰和习惯。宗教界人士在生活上一般都有特殊的要求和禁忌，导游人员应按旅游协议书中的规定不折不扣地兑现，尽量予以满足。例如，对宗教游客在饮食方面的禁忌和特殊要求，导游人员一定要提前通知餐厅做好准备；又如，一些伊斯兰教人士用餐时，一定要去有穆斯林标志牌的餐厅用餐，导游人员要认真落实，以免引起误会。由天主教人士组成的旅游团，每天早晨开车前，他们会在车上讲经、做祈祷。这时，导游人员和驾驶员应主动下车，等他们祈祷完毕后再上车。

（5）对有特殊身份和地位游客的接待

所谓“有特殊身份和地位的游客”是指外国在职或曾经任职的政府高级官员，皇室成员，对华友好的官方或民间组织团体的负责人，社会名流或在国际国内有一定影响的各界知名人士，国际或某国著名的政治家、社会活动家、大企业家等。这些游客是世界各国人民的使者，他们除了参观游览外，往往还有其他任务或使命，因此，做好他们的接待工作意义重大。

导游人员要有自信心，不要因为这些游客地位较高、身份特殊而胆怯、畏惧。往往越是身份高的人，越懂得尊重别人。他们待人接物非常友好、客气，十分尊重他人的人格和劳动。如果导游人员因为心理压力过大，工作起来缩手缩脚，反倒影响了导游效果。

另外，由于这些游客文化素质高、知识渊博，导游人员要提前做好相关的知识准备，如专用术语、行业知识等，以便能选择交流的话题，并能流利地回答他们提出的问题。此外，这些游客游览日程、时间变化较大，导游人员要注意灵活掌握，随时向有关领导请示、汇报，尽最大努力安排好他们的行程和相关活动。

第三节　导游人员语言技能

导游作为一种社会职业，与其他职业一样，在长期的社会实践中逐渐形成了具有职业特点的语言——导游语言。俗话说：“看景不如听景。”通过导游讲解，能使大好河山由“静态”变为“动态”，生动地呈现在游客面前，从而使游客感到旅游生活妙趣横生，留下难忘的印象，这就是导游语言的功能。

一、导游语言的概念

从广义上看，导游语言应该是导游人员在导游过程中必须熟练掌握和运用的所有具有一定意义并能引起互动的一种符号。所谓“所有”，是指导游语言不仅包括口头语言，还包括态势语言、书面语言和副语言。其中副语言是一种有声而无固定语义的语言，如重音、笑声、叹息等。所谓“具有一定意义”，是指能传递某种信息或表达某种思想感情，如介绍景观如何美，美在何处等。所谓“引导互动”，是指游客通过感受导游语言行为所产生的反应。例如，导游人员微笑着搀扶老年游客上车，其态势语言（微笑语和动作语）就会引起游客的互动：老年游客说声“谢谢”，周围游客投来“赞许的目光”。所谓“一种符号”，是指导游过程中的一种有意义的媒介物。

二、常用导游语言的类型

导游人员运用最多的语言类型是口头语言和态势语言，它们是导游人员传情达意、实现导游目的主要手段。

1．口头语言

口头语言是以说和听为形式的语言。它的形式有独白式和对话式两种。

（1）独白式

独白式是导游人员讲、游客倾听的语言传递方式。在导游过程中，它的使用频率较高。如致欢迎辞、欢送辞或进行独白式的导游讲解、声像导游讲解等。独白式导游词具有目的性强、对象明确和表述充分等特点，能使导游人员的观点、态度、信息内容得到充分表述。

例：介绍黄鹤楼

“黄鹤楼始建于三国吴黄武二年，也就是公元223年，至今已有1 700多年的历史，其间屡建屡毁，现在的黄鹤楼是以清代黄鹤楼为蓝本，于1981年重建，1985年落成的。现在大家所看见的前面这幢高大雄伟的建筑就是黄鹤楼，它以号称天下绝景而名贯古今，蜚声中外，它与江西滕王阁、湖南岳阳楼齐名，并称为‘江南三大楼阁’。关于黄鹤楼的雄伟，曾经有这么一则趣闻，说是湖北、四川两地的游客相会在江上，攀谈间，竞相赞美自己的家乡，四川游客说：‘四川有座峨眉山，离天只有三尺三’，湖北游客笑道：‘湖北有座黄鹤楼，半截插在云里头。’惊得四川游客无言以对。当然，这个故事是有些言过其实，但黄鹤楼确以壮丽的景观、动人的传说及浓郁的文化气息吸引着中外游人……”

游客朋友们，大家好！欢迎你们来到美丽的江城——武汉观光游览，我叫王×，是×××旅行社的导游，坐在我身后的是有丰富驾驶经验的司机张师傅，大家坐他的车尽可放心。我们将在这几天的旅途中竭诚为大家服务，如果我们的服务有不尽如人意的地方，也请大家批评指正。最后，祝大家在武汉度过一段难忘的快乐时光。

从上面例子可以看出独白式口头语言的特点：第一，目的性强。如果漫无目的，独白就成了一种呓语。如例子前半部分是介绍黄鹤楼的情况，后半部分是联络感情，目的性都很强。第二，对象明确。尽管独白是导游一个人说话，但是是说给被导游对象听的。因此，独白必须始终面对游客，调动有效手段，集中他们的注意力。第三，表述充分。在独白时间内，导游人员可以把自己所要传递的主要信息有层次地表达出来。如例子前半部分首先介绍黄鹤楼的由来，接着讲黄鹤楼的地位和趣闻，使游客对黄鹤楼有了比较完整的印象。例子后半部分话语不多，但充分表明了自己的身份和热情的服务态度。

（2）对话式

对话式是导游人员与一个或一个以上游客之间所进行的交谈，如问答、商讨等。在散客导游中，导游人员常采用这种形式进行讲解。对话式的特点是依赖性强，反馈及时。

例：介绍武汉市花

导游人员："你们知道武汉的市花是什么吗？"

游客："好像是梅花吧。"

导游人员："那你们知道梅花当选武汉市花的缘由吗？"

游客："不太清楚，你能给我们讲讲吗？"

导游人员："1984年，梅花当选为武汉市市花，其原因有三：一是梅花具有傲霜斗雪、凌寒绽开的风骨；二是武汉的梅园在规模和研究上都在全国名列前茅；三是湖北自古就是梅花的故乡。秦汉时，野生梅花就散见于大江两岸，并用于医药；隋唐时，梅花的食用药用价值已受到人们重视；南宋时，武汉一带居民栽培梅花已很盛行；明清时，武汉黄鹤楼、卓刀泉、梅子山都是赏梅的佳处。以前洪山一带一直有种植梅花的民间习俗，称为'瓶插梅花迎新春'。"

2. 书面语言

书面语言是口头语言的一种文字符号形式。书面语言常用在导游文字介绍、景点照片说明、音像导游解说词、图文导游资料等。书面语言在导游语言中可分为说明体和散文体两种。说明体是用言简意赅的文字，把事物的形状、性质、特征、成因和功用等解说清楚的一种语体，文字质朴、内容真实；散文体是运用文学性的语言对事物进行叙述、描写、议论和抒情的一种语言艺术形式，情感色彩浓郁，讲究情境之美。

例：大型文化专题片《江南》中关于乌镇印花蓝布的一段散文解说词。

就像乌镇人介绍的那样：蓝印花布融进了青铜饰纹的高古，秦汉砖瓦的粗犷，宋瓷的典雅，苏绣的细腻，剪纸的简洁，织锦的华贵。我们说蓝印花布得以源远流长生生不息的原因是它的平民化。

纺纱、织布，在没有成为蓝印花布之前，蓝印花布是一匹匹刚刚从织布机上下来的白色土布，它们身上带着江南女孩子手上的余温，而颜色，是与生俱来的本白色。

它们依依不舍地离开织布机，它们依恋的目光永远不会离开那些水灵如草、清澈如花的江南女孩子，任伊老了，在江南，它们的目光也不离开，这是刻骨铭心的爱情啊，乡村土布对江南女孩子天荒地老般的爱情。

蓝印花布，它的工艺，它的图案，均来自民间。工艺是染布。

江南的女孩子谁不会染布呀？就像江南的女孩子人人都会绣花一样。

图案是花卉草木，也不复杂的，江南女孩子眼睛里天天都是花花草草的影子。

江南的女孩子既是水做的女儿，更是花草薰香的女儿啊！

乌镇人将染好的蓝印花布挂在太阳底下晒的情景确实叫外地人感到惊奇，一幅幅蓝印花布从高高的云天直挂而下，太阳照着的时候，蓝印花布发出耀眼的光芒，一朵朵别致的花儿仿佛呼之欲出；而当风吹过的时候，那些悬挂着的布匹们则跳着优美的舞蹈，一眨眼工夫就能飞到天上去的感觉。我们在这些悬挂的蓝印花布前站了很久，我们要读出它们清香的味道，要读出它们缤纷的图案，要读出许多江南女孩灵动的青春，要读出染布工人乌青手下一颗美丽的心……

3．态势语

（1）表情语

表情语是指通过人的面部表情，即由脸色变化、肌肉收展以及眼、眉、鼻、口的各种运动所传递出的信息。

下面主要介绍面部整体表情、目光及微笑在导游服务中的运用。

知识链接

美国心理学家艾伯特·梅拉比安在一系列研究的基础上得出了一个公式：“信息的总效果 =7% 言辞 +38% 语调 +55% 面部表情。”

1）面部表情。导游人员的面部表情在导游讲解中对游客有极大的影响。因为导游人员在讲解过程中大多与游客面对面，其面部表情必须要随着具体讲解内容的需要或随着游客的反应而变化，与表达同步，要有真情实感。

导游人员要想取得好的导游效果，一方面要善于控制自己的面部表情，另一方面还要善于观察游客的面部表情。

知识链接

控制自己的面部表情要注意以下几点：

1. 灵敏。出于职业的要求，导游人员讲解的内容可能已经无数遍地重复过了，对导游人员来说毫无新意，在这种情况下很可能会面无表情，甚至表情麻木，这样就会引起游客的不满。因此，导游人员的面部表情的变化要随着讲解内容的需要迅速表现出来。

2. 鲜明。讲解的内容是明快的，就真的眉舒目展；是沉重的，就真的严肃凝重；是快乐的，就真的笑逐颜开；是郁闷的，就真的紧缩眉头；是愤怒的，就真的横眉冷对……导游人员讲解时的面部表情要表现出真情实感才能感动游客。

3. 讲究分寸。导游人员的面部表情要自然、合理、和谐，千万不能夸张。虚情假意和故意做作的姿态会引起游客的不满。

案例思考

面对曾侯乙墓编钟，导游人员讲解到："编钟起源于我国原始社会，乐宫中最为显赫的属编钟。巨大的钟架为铜木结构，呈曲尺形，全套编钟总重为2 500公斤，它至今保留着优美迷人的音色，有深沉浑厚的低音、铿锵圆润的中音、清脆响亮的高音，整套编钟铸造十分复杂，要经过设计、制模、合金、浇铸、铸后加工等多道工序。编钟的装配、布局从力学、美学、实际操作上都处理得十分恰当。这套编钟以其造型美观、铸造精美、保存完好、配备齐全、音域宽广、音色优美、音频准确而成为我国古代编钟之最。面对这些上古时代的杰作，真叫人叹为观止，称它是'世界奇迹'大概也不为过吧？"

请您模拟这段讲解，重点展现面部表情，并与同学讨论什么样的表情最合适。

2）目光。目光就是眼神，可以说是交际中最重要的表情语了。艺术大师达·芬奇说："眼睛是心灵的窗户。"各种各样的表情中最能复杂、微妙、细腻、深邃地表达感情的莫过于各种目光了。导游人员一般连续注视游客的时间应在2秒以内，以免引起游客的厌恶和误解。

知识链接

一般来说，人的视线向上接触（即仰视）表示"期待""盼望"或"傲慢"等含义；视线向下接触（即俯视）则表示"爱护""宽容"或"轻视"等含义；而视线平行接触（即正视）表示"理性""平等"等含义。导游人员常用的目光语应是"正视"，让游客从中感到自信、坦诚、亲切和友好。

3）微笑。微笑是一种富有特殊魅力的面部表情，导游人员的微笑要给游客一种明朗、甜美的感觉，微笑时要使自己的眼部肌肉放松，面部两侧笑肌收缩，嘴角含笑，嘴唇似闭非闭，以露出一半的牙齿为宜。导游人员的微笑能够给游客留下良好的第一印象，也可以传达出对游客的尊重之意，利于与游客沟通感情，创造融洽的交际气氛。有时候，微笑还是打破某种僵局的有效手段。

（2）态势语

1）姿态语。姿态语是通过端坐、站立、行走的姿态来传递信息的一种态势语言。姿态伴随着有声语言表达，可以传达出各种微妙的意义，也往往反映着一个人的仪态、风度、气质、修养等方面的信息。导游人员必须注意使自己的姿态端庄得体、稳重大方，给游客留下有风度、懂礼仪，可以信赖的良好印象。

导游人员在讲解时多采用站立的姿态。如果在旅游车内讲解，应注意面对游客，可适当倚靠驾驶员身后的护栏杆，也可用一只手扶着椅背或护栏杆；如果在景点站立讲解，应双脚稍微分开（两脚距离不超过肩宽），将身体重心放在双脚上，上身挺直，双臂自然下垂。

2）手势语。手势语是通过手的挥动及手指动作来传递信息的一种态势语言。在导游讲解中，导游人员恰当得体的手势可以成为讲解的重要组成部分，可以强调并帮助游客捕捉相关信息，可以生动地表达口头语言所无法表达的内容，使导游讲解生动形象。导游讲解中的手势有三种，具体含义和运用时机见表 4—5。

表 4—5　导游讲解中的手势

手势名称	含义	例　子
情意手势	是用来表达导游讲解情感的一系列形象化、具体化的手势	在讲到“我们三峡工程的宏伟蓝图正在一步步变为现实，它将会为我们国家的社会主义现代化建设做出自己的贡献”时，导游人员用握拳的手有力地挥动一下，既可渲染气氛，也有助于情感的表达
指示手势	是用来指示具体对象的一种手势	在讲到黄鹤楼一楼楹联“爽气西来，云雾扫开天地撼；大江东去，波涛洗尽古今愁”时，可用指示手势来一字一字地加以说明
形象手势	是用来模拟物体或景物形状的一种手势	在讲到慈禧太后在玉澜堂砌了一堵墙将光绪皇帝关进去这一内容时，有的导游人员先伸出一只手用指示手势挥成一面墙的样子，然后再将双手相对应地向下合压，既形象地指示了“墙”，又强化了讲解的内容

导游讲解时，在什么情况下用何手势，都应视讲解的内容而定。在手势的运用上必须注意：一要简洁易懂，二要协调合拍，三要富有变化，四要把握分寸，五要避免使用游客忌讳的手势。如在导游服务中，不能用手指指点游客，这在西方国家是很不礼貌的动作，会引起游客的反感。

三、导游语言的基本要求

1. 科学性

导游语言的科学性是指导游人员无论说古还是论今，在议人还是在叙事，在讲故事还是在说笑话，都要做到实事求是、入情入理，切忌空洞无物或言过其实。导游人员的语言要做到科学性必须有严肃的科学态度，必须熟悉所讲的内容，此外还要能够准确地遣词造句。

知识链接

导游人员的语言要科学准确，须做好如下几个方面的工作：

（1）严肃认真的科学态度

导游人员要抱着对游客、对自己、对旅行社、对国家负责的态度。说话要实事求是，不要信口开河、东拉西扯；要逻辑清楚，不要言不由衷、词不达意。

（2）熟悉所讲内容

如果导游人员对景点的情况，对游客要讲的内容不了解、不熟悉，就不能清楚、准确提供讲解服务。如果导游人员对所讲、所谈的事物和内容有充分的准备，成竹在胸，在讲解时就能够旁征博引、准确用词，游客也更容易接受。

（3）准确遣词造句

一个句子或一个意思要表达确切、清楚，关键在用词与词语的组合及搭配上，要在选择恰当词汇的基础上，按照语法规律和语言习惯进行有机组合和搭配。如果词语用法不当，组合搭配不好，会使信息失真。

2．艺术性

导游人员向游客提供面对面的服务时，游客大多数情况下是在听导游人员说话，如果导游人员的语言表达平淡无奇，和尚念经般的单调、呆板，或者十分生硬，游客听了必定兴趣索然，甚至在心理上产生不爱听、不耐烦或厌恶的情绪。反之，生动形象、妙趣横生、幽默诙谐、发人深省的导游语言不仅能引人入胜，而且会起到情景交融的作用。

一般来说，导游人员要善于运用比喻、比拟、夸张、映衬、引用等修辞手法来美化自己的语言，只有美化了的语言，才能把导游内容即故事传说、名人轶事、自然风物等讲得有声有色、活灵活现，才能产生一种美感，勃发一种情趣，以强烈的艺术魅力吸引游客去领会你所讲解的内容，体验你所创造的意境。具体见表 4—6。

表 4—6　艺术性导游语言欣赏

修辞手法	例　子
比喻	1. “我们今天要游览的是‘二林’中的大、小石林，是最精华的部分，远看如林如海，近观有神有灵，那一峰一石，天造地设，鬼斧神工，状鸟状兽，惟妙惟肖，栩栩如生。著名的‘阿诗玛’巨石是云南旅游业的标志和象征，宛如一位身材苗条、风姿绰约、充满青春活力的撒尼少女；‘七女下凡’‘长湖姑娘’则如歌似舞；还有‘凤凰梳翅’‘大象恋乡’等。这些山的精灵、水的造型，越看越真，越真越生动，越生动越活灵活现，看着看着便会活起来，比画家的提炼更胜一筹，比园林艺术家的造景更富魅力……” 2. “如果说，云中湖是一把优美的琴，那么，喷雪崖就是一根精致的琴弦。” 3. “鄂南龙潭是九宫山森林公园的一条三级瀑布，其形态特征各异，一叠仿佛白练悬空，二叠恰似银缎铺地，三叠如同玉龙走潭。” 4. “相传八仙之一的何仙姑，长得十分美丽，她最喜欢穿绿色的衣裙，亭亭玉立，就像一株吐艳的荷花。”

续表

修辞手法	例　子
比拟	“舜帝南巡时，他的两个妃子娥皇、女英追到了洞庭山。在这里，她们得到了舜帝死于苍梧的消息，顿时，两个妃子悲痛欲绝，泪水化作倾盆大雨，满山的翠竹也和她们一起发出了阵阵揪心的呜咽声……”
夸张	“三国时期，张飞和关羽曾在这里下棋，忽然山上有一巨石落下，关公抬头看见，顺势将手中的一颗棋子扔过去，把即将下落的巨石阻在半山腰。张飞见了大声喝彩，不料喝彩的声浪把边上另一块巨石冲断了一半。现在，就在他们下棋的石桌边，还有一块‘喝断石’……”
引用	1. “月落乌啼霜满天，江枫渔火对愁眠，姑苏城外寒山寺，夜半钟声到客船。” 2. “国内外洞穴专家考察后确认，湖北腾龙洞不仅是中国目前已知最大的岩溶洞穴，而且是世界特级洞穴之一，极具旅游和科研价值。” 3. “东坡赤壁的西面石壁更峻峭，就像刀劈的一样。留在壁面上的层层水迹，表明当年这儿确实有过‘惊涛拍岸，卷起千堆雪’的雄奇景象。”

3．趣味性

幽默在导游语言中的作用是十分奇妙的，它可以化平淡为有趣、化沉闷为笑声、化干戈为玉帛、化腐朽为神奇。

在旅游过程中，人们大都期望“旅”得轻松，“游”得愉快，这就要求导游使用形象化的语言，以创造美的意境；使用鲜明生动的语言，以增加语言的趣味性；使用幽默诙谐的语言，以增强语言的感染力。下面介绍几种增加导游语言趣味性的办法。

（1）致欢迎辞时可用趣味语言来拉近和游客的心理距离。

导游人员与游客大多是初次接触，互相比较生疏。为了融洽关系，给游客以信赖感和亲近感，导游人员会主动与游客交谈，但讲了一大堆客气话，仍消除不了游客“敬而远之”的陌生感，而有时只讲几句幽默风趣的话，却能收到良好的效果。

例：一位导游人员在初次与游客见面时，做自我介绍说：“初次为大家服务，我感到十分荣幸。我姓马，‘老马识途’的马。今天，各位到我们这儿旅游，请放心好了，有我一马当先，什么事情都会马到成功……”

（2）在讲解的过程中用趣味语言增加游客对景点的印象，活跃游览气氛，增加游兴。

例1：一位导游人员在讲岳阳楼旁的“三醉亭”（传说诗酒神仙吕洞宾曾三醉岳阳楼，故建此亭）时说：“女士们，先生们！岳阳有句俗话，叫三醉岳阳成仙人，各位是不是想成仙呢？”“成仙？当然想啊！”几位游客高兴地回答。导游说：“大家若想成仙人，有两个条件：一是醉酒，二是吟诗。”游客们有的说会吟诗，可惜不会饮酒；有的说会饮酒，可又不会吟诗，气氛十分活跃。这位导游又推波助澜地说：“如果谁又能饮酒，又会吟诗，而且到过岳阳三次，那么就会像吕洞宾一样成仙。如果只会饮酒，不会吟诗，或者只会吟诗，不会饮酒，那就只能半人半仙了。”游客们都开心地笑了起来。

例 2：一位导游人员陪同一批美国游客游长江三峡，在介绍神女峰时幽默地说："瞧，那就是神女峰。神女一般来说是羞于见外国人的，尤其是美国人。今天，她被各位朋友真诚的向往和纯洁的友谊所感动，特意现身与大家见面。上帝保佑，你们真幸运啊！"游客都高兴得拍起手来。

（3）在提醒游客注意事项时用幽默的语言能使游客乐于倾听，也易于接受。

例：一位导游人员在对一批日本游客讲解长城游览注意事项时说："长城地势险要，要防止摔倒。希望各位不要在城墙上做奔跑式的跳跃运动，日语讲'油断一秒，怪我一生'。另外，也不要头也不回一股脑往前走，一直走下去就是丝绸之路了。有人走了两年才走到头，特别辛苦。"游客听了哈哈大笑起来。

（4）在导游过程中，幽默而机智的宽慰、劝说，比生硬、笨拙的说教更有效，能够调节游客低落、焦躁、不安的情绪。

例：一架客机失事后的第二天，一批游客将飞往那架飞机失事的所在地，游客们都有一种恐惧、不安的情绪。候机时，大家都沉默寡言。这时，导游人员微笑着对大家说："请各位放心，我是大家的'护身符'，今天陪大家一同前往，保证一切顺利。请允许我在此向大家透露一个信息，我干了十多年导游，坐过几十次飞机，还没有一次从天而降的经历。"

（5）在导游过程中，导游人员难免会遇到一些使人局促、尴尬的窘境或者游客提出一些不合理的要求。如果随机应变，恰到好处地说出带幽默意味的话，就会解脱困境。

例：一个旅游团队要回国了，在道别时，他们请陪同的导游人员讲话，导游人员表示只讲两句，可一下讲了十来分钟。一位游客半开玩笑地说："先生，你说只讲两句，怎么讲了这么多？"一时，宾主都颇尴尬。但这位导游人员反应很快，他笑着说："开头一句，结尾一句，中间忽略不计，一共不是两句吗？"幽默、机智的"滑头"话，把自己从困境中解脱出来，游客们也都笑了。

总之，灵活、幽默、富于联想的导游语言能激发游兴；真挚、适时、方法多样的导游语言能提高游兴；而生动、形象、别具一格的导游语言能激发游客的热情，使之积极参与游览活动，从而获得美的享受和满足。

四、导游语言表达技巧

1. 音量大小适度

音量是指一个人讲话时声音的强弱程度。一般说来，导游人员音量的大小应以每位游客都能听清为宜，但在游览过程中，音量大小往往受到游客人数、讲解内容和所处环境的影响，导游人员应根据具体情况适当进行调节。例如，当游客人数较多时，导游人员应适当调高音量，反之则应把音量调低一点；在室外嘈杂的环境中讲解，导游人员的音量应适当放大，而在室内宁静的环境中则应适当放低一些；对于导游讲解中的一些重要内容、关键性词语或要特别强调的信息，导游人员要加大音量，以提醒游客注意，加深游客的印象。

例：“我们将于5:30在大门口的右边集合”。

2. 音色纯正明亮

音色又叫音质，就是声音的特色。导游人员讲解时音色应明亮柔和。因为游客就在导游面前，音色太尖利，会使游客神经紧张，影响讲解气氛；音色中鼻音太多，又会给游客以无精打采的感觉，甚至会使游客厌烦。而明亮、柔和的音色则会使游客感到亲切自然、轻松愉快，容易创造和谐的交际气氛。例如，在去往华山的路途上，导游人员用温言细语告诫游客不要畏难，循序渐进地安抚游客紧张和激动的神经，当游客登上山顶，又改换语音语调，以一种自己就是高山之子的激情，用极富感召力的诗化语言解说。

3. 语调适当

语调是指一个人讲话的腔调，语调一般分为升调、降调、平调和曲调四种，高低不同的语调往往伴随着人们不同的感情状态。

（1）升调

多用于表达兴奋、激动、惊叹、疑惑、等待回答等情况。例如，“大家快看，前面就是三峡工程建设工地！”

（2）降调

多用于表达沉重或坚决肯定等感情状态。例如，“我们明天早晨8:00准时出发。”

（3）平调

多用于表达庄严、稳重、平静、冷漠等感情状态。例如，“武汉的夏天是很热的。”

（4）曲调

多用于表达情绪激动、犹豫不决或更复杂的感情，在游览中运用的机会不多。

4. 语速快慢相宜

语速是指一个人讲话速度的快慢程度。导游人员在导游讲解或同游客谈话时，要力求做到徐疾有致、快慢相宜。如果语速过快，会使游客听起来很吃力，甚至跟不上导游人员的节奏，对讲解内容印象不深甚至遗忘；如果语速过慢，会使游客感到厌烦，注意力分散，导游讲解亦不流畅；当然，导游人员如果一直用同一种语速往下讲，像背书一样，不仅缺乏感情色彩，而且会令人乏味、昏昏欲睡。

在导游讲解中，较为理想的语速应控制在每分钟200字左右。当然，具体情况不同，语速也应适当调整。例如，对中青年游客，导游讲解的速度可稍快，而对老年游客则要适当放慢；对讲解中涉及的重要或要特别强调的内容，语速可适当放慢，以加深游客的印象，而对那些不太重要的或众所周知的事情，则要适当加快讲解速度，以免浪费时间，令游客不快。

5. 停顿时间合理

停顿是一个人讲话时语音的间歇或语流的暂时中断。这里所说的停顿不是讲话时的自然换气，而是语句之间、层次之间、段落之间的有意间歇。其目的是集中游客的注意力，增强导游语言的节奏感。导游讲解停顿的类型很多，常用的有以下两种：

（1）语义停顿

语义停顿是指导游人员根据语句的含义所做的停顿。一般来说，一句话说完要有较短的停顿，一个意思说完则要有较长的停顿。

例：“武当山是我国著名的道教圣地，/ 是首批国家级重点风景名胜区和世界文化遗产。// 武当山绵亘八百里，/ 奇峰高耸，险崖陡立，/ 谷涧纵横，云雾缭绕。// 武当山共有七十二峰，/ 主峰天柱峰海拔高达 1 612 米，/ 犹如擎天巨柱屹立于群峰之巅。// 发源于武当山的武当拳是中国两大拳术流派之一，/ 素有‘北宗少林，南尊武当’之称。”//

有了这些长短不一的停顿，导游人员就能把武当山的特点娓娓道来，游客听起来也比较自然。

（2）心理停顿

导游人员表达感情的需要、导游人员自己心理感受的变化及希望给予游客的各种心理暗示都是通过心理停顿体现出来的。

例：在旅游旺季，一般情况下，旅游团来到颐和园的东岸时，往往要经过一小段曲径之后来到昆明湖风景区。到了这里，游客们往往七嘴八舌地指点起来。此时有经验的导游人员会洞察游客的心情，不急于讲解，而是给大家留一点时间，并且可以随着游客一起指指点点，待游客情绪平静下来了，留影也差不多了，再开始就园中的几种造景手法进行导游讲解。而这时游客已经把周围的景观大致浏览了一遍，会对导游人员的介绍内容进行积极的反应，从而达到游客与导游人员高效交流的目的。

第四节　导游人员讲解技能

导游讲解是导游人员的一种创造性的劳动，因而在实践中导游讲解的方式、方法可谓千差万别。但是，这并不意味着导游人员在讲解过程中可以随心所欲、异想天开。相反，要保证导游讲解的服务质量，无论何种导游讲解方式、方法的创造，或导游讲解艺术的创造都必须符合导游讲解的基本规律，要遵循一些基本的原则和符合一定的导游讲解要求。

一、导游讲解应遵循的原则和要求

1. 导游讲解应遵循的原则

（1）客观性

所谓客观性是指导游讲解要以客观现实为依据，在客观现实的基础上进行意境的再创造，不允许随意杜撰。在导游讲解中，导游人员无论采用什么方法或运用何种技巧，都必须以客观存在为依托，必须建立在自然界或人类社会某种客观现实的基础上。

（2）针对性

所谓针对性是指导游人员从游客的实际情况出发，因人而异、有的放矢地进行导游讲解。导游人员要根据不同游客的特点及各种要求，在服务形式、导游内容、语言运用、讲解方法上进行针对性较强的灵活调整，从而为游客提供真诚优质的服务。通俗地说，就是要看人说话，投其所好，导游人员讲的应是游客希望知道的、有能力接受的并且感兴趣的内容。

例：对于相同的游览对象——武当山，当面对不同的游客时，导游讲解内容应有所区别，对初次远道而来的外国游客，导游人员可讲得简单一些，简洁明了地介绍武当山的基本情况；对多次来华的游客则应多讲一些，可从道教文化和古建筑等方面做一些较深入的讲解；对宗教旅游团应以道教文化的介绍为主，还可引导游客欣赏武当山独特的道教音乐；对“功夫团”和“健身疗养团”则要重点介绍著名的武当拳术，讲解武当拳的健身妙用；对由建筑界人士组成的专业团，导游人员可从武当山古建筑严整的规划布局、高超的建筑技艺和建筑与自然高度和谐的特征上去做深入、细致的讲解。这样才能使不同类型的游客各得其所，使游客的不同需求都得到充分的满足。

（3）技巧性

所谓技巧性是指导游讲解要因人而异、因时制宜、因地制宜。一个好的导游会在看似平淡的景观中通过感召、渲染与绘声绘色的讲解将游客带入观赏的至高境界。旅游活动往往受到天气、季节、交通以及游客情绪等因素的影响，我们所讲的最佳时间、最佳线路、最佳景点都是相对而言的，客观上的最佳条件如缺乏主观上完美导游艺术的运用，就不可能有很好的导游效果。因此，导游人员在导游讲解时要根据游客的具体情况以及天气、季节的变化和时间的不同，灵活地运用导游知识，采用切合实际的导游内容和导游方法。

案例学习

进　山

青城山有三大奇观：云海、神灯、日出，其中云海就起源于我们旁边的这个山洞中，云自这里飘然升起，缠绕山间，与青城山青幽的山林浑然一体，谁也说不清楚是林在云中，还是云在林间，所以有人说，青城山的颜色用两个字就可以概括——“一清（青）二白”。

恩，我好像听见你们有人说，今天要是不下这蒙蒙细雨就更好了。错了，风雨何曾败月明？青城山山上山下气候大不相同，有时山下阴雨，山上却是个大晴天呢！今天绝对不是我们的运气不好，而是青城山惯于用雨水为游人洗尘，不然，为什么这进山的第一座亭子就叫作“雨亭”呢？

（四川省旅游局《四川青城山》）

点评：

上面的案例中，导游人员根据天气的具体情况及时调整了导游讲解内容，特别是对风雨霜雪等天气给以适当的美化，消除了游客的顾虑，取得了很好的效果。

导游讲解以客观现实为依托，针对性、计划性和灵活性体现了导游活动的本质，也反映了导游方法的规律。导游人员应灵活运用这四个基本原则，自然而巧妙地将其融于导游讲解之中，这样才能不断提高自己的讲解水平。

2．导游讲解所应遵循的要求

导游讲解是向游客有效地传播知识、联络感情的一种服务方式。一方面，导游人员讲解的知识要能够为游客所理解；另一方面，要使游客在心理上或行为上产生认同，在情感上与导游人员趋同。导游人员在讲解时应符合以下八项具体要求（见表 4—7）。

表 4—7　导游讲解“八有”的具体要求

“八有”	具体要求
有物	讲解时要有具体的指向，不能空洞无物。应突出景观特点，简洁而充分，不要东拉西扯，缺乏主题思想，满嘴空话、套话
有理	要以事实为依据，以理服人，不要言过其实和信口开河。同时，导游讲解要符合一定的生活和风俗习惯，符合人们的欣赏习惯，遵守法律法规
有趣	讲解时要生动、形象、幽默和风趣
有神	应尽量突出景观的文化内涵，使游客领略其内在的神采
有力	讲解时要正确掌握语音、语气和语调，既要有鲜明生动的语言，又要注意语言的节奏感
有情	在讲解时，应既充满激情和热情，又充满温情和友情
有喻	应结合游客的欣赏习惯，恰当运用比喻手法，提升旅游审美中的形象感
有礼	导游人员的讲解用语和动作、行为要文雅、谦恭，让游客获得美的享受

二、实地导游讲解常用的方法

1. 概述法

概述法是导游人员就旅游城市或景点景区的地理、历史、社会、经济等情况向游客进行概括性的介绍，使其对即将参观游览的城市或景点景区有一个大致的了解和轮廓性认识的一种导游方法。这种方法多用于导游人员接到旅游团后坐车驶往下榻饭店的首次沿途导游中，它好比是交响乐中的序曲，能起到引导游客进入特定的旅游意境，初步领略游览地奥秘的作用。

例：采用概述法介绍奥运场馆“鸟巢”

“鸟巢”是2008年北京奥运会主体育场，是由2001年普利茨克奖获得者赫尔佐格、德梅隆与我国建筑师合作完成的巨型体育场设计，它的形态如同孕育生命的“巢”，它还更像一个摇篮，寄托着人类对未来的希望。设计者们对这个体育场没有做任何多余的处理，只是坦率地把结构暴露在外，因而自然形成了建筑的外观。

“鸟巢”以巨大的钢网围合覆盖着9.1万人的体育场。观光楼梯自然地成为结构的延伸；立柱消失了，均匀受力的网如树枝般没有明确的指向，让人感到每一个座位都是平等的，置身其中如同回到森林；把阳光滤成漫射状的充气膜，使体育场告别了日照阴影；整个地形隆起4米，内部安放附属设施，避免了下挖土方所耗的巨大投资。

“鸟巢”是一个大跨度的曲线结构，有大量的曲线箱形结构，设计和安装均有很大挑战性，在施工过程中处处离不开科技的支持。“鸟巢”采用了当今先进的建筑科技，全部工程共有二三十项技术难题，其中，钢结构是世界上独一无二的。“鸟巢”钢结构总重4.2万吨，最大跨度343米，而且结构相当复杂，其三维扭曲像麻花一样的加工，在建造后的沉降、变形、吊装等问题全部被解决。

好了，我对“鸟巢”的介绍说完了，接下来，我们一起去参观“鸟巢”吧！

2. 置疑法

置疑法就是在导游讲解时，导游人员向游客提问题或启发他们提问题的导游方法。使用置疑法的目的是为了活跃游览气氛，激发游客的想象思维，促使游客和导游人员之间产生思想交流，使游客获得参与感或自我成就感。同时，还可避免导游人员唱独角戏的灌输式讲解，加深游客对所游览景点的印象。置疑法主要有以下几种形式：

（1）设问

导游人员自己提出问题，并作适当停顿，让游客猜想，但并不期待他们回答，只是为了吸引他们的注意力，促使他们思考，激起兴趣，然后做简洁明了的回答或做生动形象的介绍，还可借题发挥，给游客留下深刻的印象。

例1：“川菜最突出的特色在哪里？这就是厨师们善于掌握调味学中的辩证法，做到口味浓淡有致：该浓则浓，该淡则淡，浓中有淡，淡中带浓，浓而不腻，淡而不薄，变化无穷。如同样是‘豆腐’，既可以做成味浓汁厚的麻辣豆腐，也可以做成清爽可口的口蘑豆腐，以至做出上百种不同制作方法和口味的豆腐菜系……”

（资料来源：张斯炳等《成都》）

例2：“也许各位会想，都这样滑，天长日久沙山不是要被人们毁平了吗？其实不然，在夜里，风会把那些被推下的小沙丘送回到山上去，把山脊又会修得同原来一样锋利。自古以来每到端午节，鸣沙山游人云集，也没能毁平这沙山。当地人有端午节登鸣沙山、观月牙泉的习俗，据说可以消灾避难，医治百病，所以每到五月初五，当地群众不分男女老幼，纷纷结伴而来……”

（资料来源：刘生园《甘肃敦煌鸣沙山》）

（2）反问

反问最重要的特点是以否定形式或肯定形式进行无疑而问，着重表达各种确凿无疑肯定或否定的主观看法。运用反问的讲解方式，不仅使导游人员的观点和态度得到了进一步的强调，也使导游讲解更增添了抒情性的格调。

例1：“有人曾经把天安门广场比作是一个巨大的天平，中国国家博物馆和人民大会堂是两个巨大的托盘，一手托着历史，一手托着现在，纪念碑是顶天立地的支点。是啊，天安门广场是中华民族的骄傲，它敞开博大胸怀，每天迎接着四面八方的宾客。虽然大家肤色不同，语言不通，但是，当众多的游人带着喜悦、带着依恋、带着温柔、带着幸福……带着各种心态，在天安门广场上拍照留念时，谁不为它兴奋，谁不为作为炎黄子孙而感到骄傲呢？”

（资料来源：中国国际旅行总社《天安门广场》）

例2：“各位启程来到神农架之前，一定已经听说过我们这片土地上的一些传闻。要不然，怎么会不顾路途遥远，翻山越岭，跨江过河，跋涉千里，来神农架观光探奇呢？”

（3）正问

正问实际上就是推测问，多以语气词“吧”收尾，同时常夹用“可能”“大概”“也许”“恐怕”等一类表示推测、揣度语气的词语。正问具有收拢游客注意力，使讲解重点更加突出的作用。

例：从这里往对面看，有一块几十平方米的巨型岩石，淡黄色的岩石上面的一幅羞涩妩媚的女性脸庞映入眼帘，使人突发奇想，这是不是天上的仙女下凡，不忍离去？好了，现在我们到的地方是黑角桥站。

（资料来源：钟晓莉等《四川九寨沟》）

上例以正问的形式表达淡黄色岩石上的仙女不忍离开九寨沟这个人间仙境的奇想，使表达中的陈述变得含蓄委婉，取得了更好的表达效果。

（4）选择问

这种方法能细腻地表现人们复杂的感受，从而深化游览地的意境。

例：朋友们，请看冰洞。这里一片洁白，是一个冰封霜染的银色世界。我们的脚下是一泻而下的冰坡，它洁如玉、坚似铁，请大家慢行，注意不要滑倒。

请看两壁，像不像雕塑大师精心制作的艺术长廊。那一丛丛、一块块奇岩异石，您细看，是不是如花、如草、如禽、如兽？您看，那横生的、竖长的、悬立的形态各异、栩栩如生。再看洞顶，那低垂下来的一束束、一朵朵熔岩乳，有的似天花盛开，有的像宫灯高悬，精雅别致，惟妙惟肖，多像到了水晶宫，大家有没有到了神居仙宿的洞府之感？

（资料来源：黑河市旅游局《黑龙江五大连池》）

有感于冰洞两侧的自然景物造型，通过选择式的问法想象如花、如草、如禽、如兽的意境，不能不令游客浮想联翩，也不能不令游客为之动情。

3．分段讲解法

分段讲解法就是对那些规模较大、内容较丰富的景点，导游人员将其分为前后衔接的若干部分来逐段进行讲解的导游方法。一般来说，导游人员可首先在前往景点的途中或在景点入口处的示意图前介绍景点概况（包括历史沿革、占地面积、主要景观名称、观赏价值等），使游客对即将游览的景点有个初步印象，达到“见树先见林”的效果。然后带团到景点按顺次游览，进行导游讲解。在讲解这一部分的景物时注意不要过多涉及下一部分的景物，但要在快结束这一部分的游览时适当地讲一点下一部分的内容，目的是为了引起游客对下一部分的兴趣，并使导游讲解环环相扣、景景相连。

例：采用分段讲解法—以长江三峡为例

乘船自西向东游览长江三峡，导游人员就可将其分为五个部分来讲解。

（1）在游船观景台上介绍长江三峡概况：“长江三峡是瞿塘峡、巫峡和西陵峡三段峡谷的总称，西起四川奉节的白帝城，东至湖北宜昌的南津关，全长约193公里。峡谷两岸悬崖绝壁，奇峰林立，江流逶迤湍急，风光绮丽。瞿塘峡素以雄奇险峻著称，巫峡向以幽深秀丽为特色，西陵峡则以滩多水急闻名。这种山环水绕、峡深水急的自然风光系由历次造山运动，特别是‘燕山运动’使地壳上升、河流深切而成，是大自然的鬼斧神工的经典之作，它与峡谷沿岸众多的名胜古迹相互融合，使长江三峡成为闻名遐迩的中国十大风景名胜之一，并被中外游客评为‘中国旅游胜地四十佳’之首。”

（2）船进瞿塘峡时，导游人员介绍“瞿塘峡是长江三峡第一峡，从四川奉节的白帝城到巫山的大溪镇，全长约8公里，是长江三峡中最短也最雄奇险峻的峡谷。瞿塘峡中，高达1 300多米的赤甲山、白盐山耸峙峡口两岸，形成一陡峻的峡门，称为夔门，素有‘夔门天下雄’之称。”

（3）船过巫峡时，导游人员再讲解“巫峡是长江三峡第二峡，从四川巫山县大宁河口到湖北巴东县官渡口，绵延42公里。巫峡口的长江支流大宁河全长300多公里，著名的‘小三峡’就位于其中。‘放舟下巫峡，心在十二峰’，巫峡中景色最秀丽、神话传说最多的是十二峰，其中最为挺拔秀丽的是神女峰，峰顶有一突兀石柱，恰似亭亭玉立的少女。”

（4）船到西陵峡时，导游人员进一步介绍“西陵峡为长江三峡第三峡，西起湖北秭归县的香溪口，东至湖北宜昌的南津关，全长76公里，历来以滩多水急著称。西陵峡西段自西向东依次为兵书宝剑峡、牛肝马肺峡和崆岭峡三个峡谷；西陵峡东段由灯影峡和黄猫峡组成……”

（5）最后再向游客讲解举世闻名的三峡工程。

4. 突出重点法

突出重点法就是在导游讲解中不是面面俱到，而是突出某一方面的导游方法。一处景点要讲解的内容很多，导游人员必须根据不同的时空条件和对象区别对待，有的放矢地做到轻重搭配，重点突出，详略得当，疏密有致，具体方法见表4—8。

表4—8　导游讲解要突出的重点

突出内容	注意事项	具体方法
突出景点独特的地方	导游人员在讲解时必须讲清景点的特征及与众不同之处	同为佛教寺院，其历史、宗派、规模、结构、建筑艺术、供奉的佛像各不相同，讲解时应突出介绍其与众不同之处，避免产生雷同的感觉
突出有代表性的景观	游览规模大的景点，导游人员主要向游客讲解重点景观。这些景观既要有自己的特征，又能概括全貌	湖北省博物馆展出的曾侯乙墓出土文物，包括礼器、兵器和乐器三个部分，导游讲解要把重点放在乐器上
突出游客感兴趣的内容	导游人员在研究旅游团的资料时要注意游客的职业和文化层次，以便在游览时重点讲解旅游团内大多数成员感兴趣的内容	游览故宫时，面对以建筑业人士为主的旅游团，要突出讲解故宫的布局、主要建筑及其建筑艺术；面对以历史学家为主的旅游团，应更多地讲解故宫的历史沿革及地位和作用，还有在故宫中发生的重大事件
突出“……之最”	导游人员可根据实际情况介绍景点是世界（中国、某省）最大（最长、最古老、最高、最小）的……	如云南的抚仙湖是云南省第一深水湖，也是中国第二深水湖

5. 虚实结合法

虚实结合法就是在导游讲解中将典故、传说与景物介绍有机结合，即编织故事情节的导游方法。所谓“实”是指景观的实体、实物、史实、艺术价值等，而“虚”则指与景观有关的民间传说、神话故事、趣闻轶事等。“虚”与“实”必须有机结合，但以“实”为主，以“虚”为辅，“虚”为“实”服务，以“虚”烘托情节，以“虚”加深“实”的存在，努力将无情的景物变成有情的导游讲解。

例：参观武汉黄鹤楼，导游人员可结合一楼大厅《白云黄鹤图》的壁画向游客介绍黄鹤楼“因仙得名”的传说故事：“古时候，有个姓辛的人在黄鹤山头卖酒度日。一天，有一位衣衫褴褛的老道蹒跚而来，向辛氏讨酒喝……”。

6. 触景生情法

触景生情法就是在导游讲解中见物生情、借题发挥的一种导游方法。在导游讲解时，导游人员不能就事论事地介绍景物，而是要借题发挥，利用所见景物制造意境，引人入胜，使游客产生联想，从而领略其中之妙趣。例如，步入武汉东湖风景区听涛区，游客可看到有“活化石”之称的珍贵植物——水杉。导游人员在介绍水杉的发现过程和科学价值后，向游客特别说明：“为纪念水杉这一古老树种在湖北发现，并以其刚毅坚强、耿直不阿的精神象征英雄的武汉人民，水杉被定为武汉市的市树”。然后进一步发挥：“那么，武汉市的市花又是什么呢？那便是不畏寒威、独步早春的梅花，它象征着武汉人民的刚强意志和高贵品质。”

触景生情法的第二个含义是导游讲解的内容要与所见景物和谐统一，使其情景交融，让游客感到景中有情，情中有景。例如，在湖北九宫山云关道上有一个观音崖，崖下有一天然石床，传说死在石床上的人能超度成仙。九宫山道祖张道清死前留下戒规：每年只能有一个道士去石床等死。有一年，两个道士同时得病，都想抢先占床登仙，结果闹出一段令人忍俊不禁的“道士争死”的趣事。游客望着这张5尺多宽、6尺多长的石床，听着导游人员风趣的讲解，定会发出欢快的笑声。

7. 制造悬念法

制造悬念法就是导游人员在导游讲解时提出令人感兴趣的话题，但故意引而不发，激起游客急于知道答案的欲望，使其产生悬念的导游方法，俗称“吊胃口”“卖关子”。通常是导游人员先提起话题或提出问题，激起游客的兴趣，但不告知下文或暂不回答，让他们去思考、去琢磨、去判断，最后才讲出结果。

例：苏州网师园的月到风来亭，依水傍池，面东而立，亭后装一面大镜，将对面的树石檐墙尽映其中。对这个亭子的介绍有两种方法，效果完全不同。

导游甲介绍说：“如果在晚上，当月亮从东墙上徐徐升起，另一个月亭也在水波中荡漾，这镜子安置得十分巧妙，从里面还可以看到一个月亮。”游客们看了看镜子，并未引起多大兴趣。

导游乙将游客带到亭中后介绍说：“当月亮升起的时候，在这里可以看到三个月亮。”他微笑望着游客，并没有立即往下讲。游客们好生奇怪，都以为是听错了或是导游人员讲错了，最多只有两个月亮：天上一个，水池里一个，怎么可能会有第三个呢？大家的脸上都露出了迷惑不解的表情。这时，导游人员才点出：天上、池中，还有镜里共有三个月亮，大家才恍然大悟，在响起一阵掌声和叫好声之后，也更领悟到镜子安置之巧妙，印象特别深刻。

同是一地，导游甲介绍虽很热情，也富有诗意，但因讲解平铺直叙，听者不以为然；而导游乙虽用词简朴，却能做到出其不意，引起了游客的注意、思考、怀疑和猜测，兴致顿起。导游乙的成功之处，还在于掌握了游客的心理，不去一下子把话讲完，而是留有余地，让大家去体察、回味，然后由自己作出补充，因此效果尤佳。

8. 类比法

类比法就是在导游讲解中用风物对比，以熟喻生，以达到触类旁通的一种导游方法。导游人员用游客熟悉的事物与眼前景物进行比较，既便于游客理解，又使他们感到亲切，从而达到事半功倍的导游效果。

提示：不可胡乱、不相宜地进行比较。正确运用类比法，可提高导游讲解的层次，加强导游效果，反之，则会惹游客耻笑。

9. 妙用数字法

妙用数字法就是在导游讲解中巧妙地运用数字来说明景观内容，以促使游客更好地理解的一种导游方法。在实地导游中，导游人员常用数字换算来帮助游客了解景观内容。

例：游览北京故宫时，导游人员如果说故宫建成于明永乐十八年，不会有几个外国游客知道这究竟是哪一年，如果说故宫建成于公元1420年，对英国游客再加上一句“比莎士比亚诞生早144年”；对法国游客再加上一句“比凡尔赛宫早建成269年”；对美国游客再加上一句“比白宫早建成420年”，游客不仅很快记住了故宫的修建年代，而且还会产生中国人民了不起、中华文明历史悠久的感觉。再如，讲故宫规模宏大，可以说“如果让刚出生的孩子在每个宫室里各住一夜，当他把所有的宫室都住了一遍后，已是一名27岁的青年。”

导游人员运用数字分析可以更准确地说明景观内容。

例：科学家发现各种比例关系中的最佳比值是0.618，并称其为“黄金分割率”。我国许多古建筑之所以给人布局得体、高矮适宜的感觉，就是其主要的比例关系接近黄金分割率的缘故。如北京故宫太和殿高35.03米，左右陪殿（体仁阁、弘义阁）各高23.78米，比值为0.678；太和殿广场东西宽200米，南北进深130米，比值为0.65，均接近黄金分割率的比值，所以产生良好的审美效果。

导游人员还可通过数字来暗喻中国传统文化。

例：武汉黄鹤楼外观为五层建筑，里面实际上有九层。我国古代称单数为阳数，双数为阴数，“9”为阳数之首，且与“久”字同音，暗含“天长地久”之意；又如明显陵中九曲河上建有五道石桥，暗喻皇帝的“九五之尊”等。

10. 画龙点睛法

画龙点睛法就是导游人员用凝练的词句概括所游览景点的独特之处，给游客留下突出印象的导游方法。游客听了导游讲解，观赏了景观，既看到了“林”，又欣赏了“树”，一般都会议论一番。导游人员可趁机给予适当的总结，以简练的语言，甚至几个字，点出景物精华之所在，帮助游客进一步领略其奥妙，获得更多更高的精神享受。

课堂讨论

用一段话概括你家乡的特点。

思考与练习

1. 导游带团有怎样的特点？
2. 针对不同个性的游客，导游人员应如何提供心理服务？
3. 导游人员应怎样与旅游车驾驶员合作？
4. 导游在讲解过程中如何运用态势语言强化表达效果？
5. 简述实地导游讲解常用的方法。

第五章

chapter 5

导游服务中特殊情况的处理

在游客的旅行游览过程中，无论事先安排多么周密与细致，都有可能出现意外情况或碰到游客提出特殊要求的情况。为了确保游客在旅游过程中获得较高的满意度，导游人员就需要掌握对待特殊问题的处理原则和解决方法。

学习目标

- 掌握处理游客个别要求的原则
- 熟悉处理游客在餐饮、住宿、娱乐、购物、自由活动、代为转递物品等方面个别要求的方法
- 熟悉漏接、旅游计划和日程变更、游客丢失物品等常见疑难问题的处理方法
- 熟悉旅游安全事故的预防与处理方法

第一节　常见疑难问题和事故的处理

一、漏接、空接和错接

游客到任何一个旅游目的地，都希望旅行顺利。但是旅游活动往往会遇到各种各样意想不到的问题、变化，出现一些不尽如人意之事影响旅游进程。虽然旅游事故发生的频率比较低，但是往往会对旅游活动、旅行社声誉及经营效益产生较大的影响。因此，旅行社有责任做好预防工作，尽力排除旅游故障，保证旅游活动顺利、安全地完成。而身处接待第一线的导游人员更有职责在现场尽力及时、妥善排除旅游故障，尽量减少服务缺陷，避免责任事故，杜绝恶性事故。

知识链接

很多事故的发生往往与导游人员无关，但导游人员是旅游接待第一线的关键工作人员，所以应责无旁贷地参与事故的处理。问题和事故的处理是对导游人员工作能力和独立处理问题能力的严重考验。处理得好，游客满意，导游人员的威信会因此提高；反之，不仅游客不满，还可能留下隐患，使旅游活动不能顺利进行，甚至会演变成涉外事件。因此，出现问题或发生事故，不管责任在谁，导游人员必须全力以赴，及时、果断、合情合理地进行处理。

1．漏接事故

漏接是指旅游团（者）已经按照旅游计划抵达旅游目的地，而旅行社接待人员未能按时赶到飞机场（车站、码头），造成无人员迎接，致使游客焦急等待甚至心情不愉快的事故。

漏接一般可分两种情况：责任事故和非责任事故。

（1）造成漏接事故的原因是多方面的，归纳起来主要有以下几个方面：

1）安排时间太紧、弄错接站地点等，导游人员因此未按预定时间抵达机场（车站、码头）。

2）航班（车次、船次）变更时间（提前），致使旅游团提前到达，导游人员仍按原计划时间去迎接。

3）新旧航班（车次、船次）时刻交替时，导游人员仍按原时刻表中的时间与班次去迎接。

4）航班（车次、船次）临时变更（提前），组团社没有及时转发变更通知，或发出通知但接待社没有接到。

5）因天气原因或交通工具故障，如狂风暴雨、山洪突发、地震塌方、航班停飞或延误、汽车抛锚追尾、翻车撞车或在途中出现严重堵车等原因。

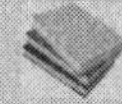

课堂讨论

请你想一想，还有哪些原因会造成漏接事故？

（2）漏接事故的预防

1）准备工作更加细致，加强责任心，认真核实，核对清楚。

2）上下站之间或接待人员之间保持良好与及时的沟通，多检查、多联络。

3）认真阅读计划或接待更改通知，重点掌握与核实到达的确切日期与时间、交通工具类型、到达时间与地点，出发前再次核实交通工具到达的确切时间，与车队调度再次核实驾驶员停车接头的时间、地点。

4）抵达本站的当天，导游人员应与接待社有关部门联系，了解是否有变更，并及时与机场（车站、码头）联系或通过网络查询，核实抵达的确切时间。

5）留足充分的时间，提前抵达机场车站、码头，在出口处迎候。

案例思考

武汉某旅行社地陪小汪接待一批来自上海市的游客，本来是应该在汉口站接站的，结果小汪错记成了武昌站，导致旅游团在车站耽搁了一个多小时。游客怨声载道，大为不满，对旅行社的声誉造成很大的负面影响。这件事的结果是由旅行社领导出面道歉，加派礼品才得以平息。

请尝试分析一下，在实际接团工作中，应该怎样做才能减少漏接事故的发生？

（3）出现漏接事故的弥补工作

1）如在出口处未找到旅游团（者），确定漏接后，应设法打听或向机场、车站值班人员了解航班（车次、船次）抵达的确切时间，再仔细寻找。

2）与此同时立即报告漏接情况，请查明原因给予帮助；也可以打电话去计划下榻的饭店，询问游客是否已抵达。

3）无论是责任原因还是非责任原因，首先应向旅游团（者）表示真诚的道歉，争取谅解。对重要团队，应由旅行社有关负责人当面赔礼道歉或酌情给予一定的纪念品等物质补偿，退还车费。

4）做好以后的游览导游服务工作，特别注意吸取教训，提前抵达出发地点，做好各项准备工作，并做好承受游客不满、投诉甚至刁难的心理准备。

课堂讨论

由于旅游中间商、组团旅行社在游客所乘交通工具或出发时间变更后未及时通知接待旅行社所造成的漏接事故，应该如何进行责任处理？

2．空接事故

空接是指由于各种原因，旅游团（者）推迟抵达接待站，导游人员仍然按原计划预定的航班（车次、船次）抵达时间接站而没有接到旅游团（者）。

空接事故其后果一般而言比漏接游客事故要轻，至多是损失人力与运力，一般不会造成游客不满。但无论怎样，空接也是旅游事故，工作中应当小心防范，以免造成不必要的麻烦而影响工作的正常运转。

（1）空接事故的原因

1）天气原因或交通工具故障，使游客滞留在上一站或途中，而上一站旅行社并不知道这种临时变化，无法及时通知下一站的接待社。

2）主观方面的原因，即全陪没有将变更情况通知下一站接待社。

3）全陪委托上一站接待社通知下一站接待社有关变更事宜，但由于工作失误，没有及时通知。

课堂讨论

请你想一想，还有哪些原因会造成导游人员空接事故？

（2）空接事故的预防

1）准备工作尽量细致一些，保持高度责任心，认真核实，核对清楚。同上下站之间保持良好与及时的沟通，多检查、多联络。

2）重点掌握与核实到达的准确日期与确切时间、交通工具类型、到达时间、到达地点，出发前再次核实交通工具到达的确切时间。

3）抵达本站的当天，导游人员应了解航班（车次、船次）抵达时间是否有变更，并及时与机场（车站、码头）联系，核实抵达的确切时间。

案例思考

某旅行社的导游小李一次在冬天接待一个下午5:30抵达的旅游团，当小李下午四点多提前到达机场接机时，发现飞机因冰雪天气临时推迟时间起飞，并且不排除当日取消航班的可能。小李向旅行社领导汇报后在原地等待该团队。直到晚上七点多才接到游客，当游客知道小李一直在等他们到来的时候，纷纷表示感谢，称赞旅行社把游客放在第一位，尽力为游客着想。

请尝试分析一下，在实际接团工作中，如果碰到空接事故应该如何处理?

（3）空接事故的弥补工作

1）排除漏接。与饭店联系，核实游客是否已自行抵达饭店。

2）询问机场（车站、码头）有关人员，核实旅游团所乘交通工具是否抵达或乘坐本班次的旅游团是否都已出站。

3）立即向旅行社报告，并请旅行社有关部门联系并查明原因。

4）如果推迟时间不长，同驾驶员取得联系后可留在接站地点继续等候旅游团，同时及时向旅行社报告相关事宜。

5）如果推迟时间较长，要按本社有关部门的安排，重新落实接团事宜，请相关部门重新审核接待计划的日程和时间安排，并将变更情况及时通知相关餐饮、住宿等接待单位，采取应变措施，减少或避免损失。

课堂讨论

当出现旅行社内部沟通的问题或没有及时传达消息造成的空接事故，应该如何进行责任处理?

3. 错接事故

错接是旅行社导游人员误将本应由其他旅行社或本旅行社其他导游人员接待的旅游团（者）误当作自己的旅游团（者）接走。错接事故发生后，往往会给旅行社工作带来一系列的麻烦，在游客中造成不良影响，从而影响旅游服务质量。

一般来说造成错接事故的原因主要在导游人员方面，属于导游人员工作失误。导游人员接旅游团（者）时没有认真核实旅游团（者）的编号或姓名以及境外组团社或国内组团社名称、旅游团人数、领队的姓名。错接一般是责任事故，是导游人员责任心不强造成的。

（1）错接事故的预防

1）提前到达接站地点，举着接站牌（或导游旗）迎接旅游团（者）。

2）在接旅游团（者）时认真核实。核实旅游客源地组团旅行社的名称，旅游目的地组团旅行社的名称，旅游团代号、人数、领队姓名（无领队的团要核实游客的姓名），下榻饭店，所乘交通工具等。

3）还要提高警惕，严防社会其他人员非法恶意接、偷、抢旅游团（者）。

案例思考

旅游黄金周期间，武汉某旅行社一日同时派出六名导游人员在车站接待来自上海市的六批旅游团队。因列车临时晚点，致使各团队出站的时间差不多一致。慌乱之中，一名导游带游客上了交通车，后发现错接了本应该由同事负责的团队。在彻底核对清楚后，又进行了相应的调换。这一事件虽然没有给游客造成什么实质性的损失，但游客普遍认为该旅行社导游人员工作责任心不强。

请尝试分析一下，在实际接团工作中，如果碰到错接游客应该如何处理？

（2）错接事故的弥补工作

1）当同一家旅行社派出接待不同游客的两位导游人员因工作失误，在接站时相互错接了属于对方的旅游团（者）时，应当立即向领导汇报，经领导同意，按照实际接到的旅游团（者）的旅游计划为他们服务，而且无须向他们说明原委，以避免无端事故。但是如果该导游人员兼任以后行程的全陪导游人员，则应交换旅游团（者）并向游客道歉。

2）当不同的旅行社导游人员之间发生错接事故时，应立即向接待社领导汇报，双方必须设法尽快交换所错接的旅游团（者），并向旅游团（者）实事求是地说明情况，诚恳地道歉。

课堂讨论

当出现错接事故，应该如何进行责任处理，对导游人员应该加强哪些方面的教育与培训？

二、旅游计划和日程变更

变更计划是因情况变化对原有旅游计划所做的一种更改。旅游计划是组团社、接待社和游客共同制订的，旅游计划和活动日程一旦商定并以协议合同的形式确定下来以后，各方都应严格执行，不得轻易更改。

在实际执行过程中，有时会出现一些不可预料的因素迫使旅游计划、线路和活动日程改变。无论怎样，对于旅游计划和日程的变更都要慎重行事。

课堂讨论

请你想一想，有哪些原因会造成旅游计划和日程的变更？

1．执行旅游计划和日程变更的注意事项

（1）仔细分析问题和形势。对问题的性质、严重性和后果作出正确的判断。

（2）考虑补救措施，设计、变更旅游计划、路线和日程。

（3）向领导详细汇报情况，并提出变更计划向领导请示。按照领导的指示执行并落实各项具体安排。

（4）在内勤协助下，或由内勤与有关旅游地或旅游点联系，安排、落实交通、住宿、游览等事宜，并提醒内勤做好处理已经订妥的票证、住宿、餐饮、游览等项的善后工作。

（5）在变更旅游计划的过程中经常要跟领队和全陪沟通、商量，取得支持和帮助。在决定改变旅游路线和计划后，应商量如何对团内游客解释说明，分头做游客的工作。

（6）对游客实事求是地进行解释，取得谅解和支持，并提出最佳的变更计划，以取得认可。

（7）最后落实变更计划，并在全陪的帮助下做好上下站的联络工作。

（8）旅游计划更改后的各项落实工作，最好在游客都同意后进行。但有时因时间紧迫及其他客观条件所限，可视情况提前或同时进行。导游人员一定要注意游客的心理状态和情绪，提供新奇的活动内容和最佳的安排取得赞同和配合。

2．旅游计划和日程变更的处理（见表5—1）

表5—1　　旅游计划和日程变更的处理方法

变更情况类别	处理方法
游客要求变更旅游计划	耐心倾听领队或游客意见，了解清楚理由、要求。如接受其要求，应立即报告旅行社并按指示的解决方案解释、落实
遇到客观原因，如天气、自然灾害、交通等不可预料但又必须变更的自然因素	1. 制定应变方案，报告旅行社，认真分析形势，对问题的性质、严重性和后果作出正确判断，分析游客反应与心理，共同商议出应变措施，并请示旅行社。按指示进行应急行动 2. 做好领队与游客说服工作，争取谅解与支持 3. 处理有关经济费用问题。根据旅行社指示，向领队讲明变更会引起的费用的变更，由旅行社与组团社另行商议解决
游客临时要求更改离开本地的交通工具	应讲明交通票已购取，无法更改，但如果是特殊情况，又属合理范围，则报旅行社请示解决

续表

变更情况类别	处理方法
旅游过程中遇到游客临时要求改变计划内游览景点，需进行增加或是取消景点的情况	须经征得领队或大多团员意向并报旅行社领导批准，视游程可能性给予安排。凡涉及增加费用的，应由游客自己负担。凡涉及要增加或减少景点数目的情况，都要经领队或旅游团内大多数人同意并有书面记录
旅游过程中游客临时推迟离开本地或延长游览时间的情况	提醒如果进行变更会涉及标准、费用等一系列问题，报请旅行社决定，由此引起的费用自理；与本地及外地联络更改有关住宿、用餐、用车、游览等事项
旅游过程中游客临时提出缩短本地游览时间的情况	报请旅行社批准，经济损失由客方负责或听从旅行社决定。导游人员应尽量抓紧时间，将计划内的游览点都让游客观赏到。提醒旅行社办理退餐、退房、退车等事宜，同时及时通知下一站

案例思考

地陪小张在接待一批来自日本的游客时，因为天降大雨，游客对原行程安排想做一下更改，取消当日外出参观，改为自由活动一天。小张在了解具体情况后，发现当日确实不适合外出游玩，于是向领导据实汇报，在组团社、地接社、领队、全陪与游客代表的共同协调下，将旅游计划中最后一天参观博物馆的活动日程提前到当天进行，避免了游客冒雨旅游之苦。

请尝试分析一下，在实际接团工作中，如何调整日程活动安排？

三、误机（误车、误船）事故

旅行社接待人员由于疏忽大意或工作差错导致游客未能按照计划确定的航班（车次、船次）离开本地，被迫延长在本地停留时间的事件称为误机（误车、误船）事故。

误机（误车、误船）事故是一种比较严重的工作失误。

知识链接

误机（误车、误船）事故发生后，游客不能按计划离开本地或离境，对其自身会造成不利影响和经济损失，游客的不满和沮丧是可想而知的，旅行社也必然招致抱怨、指责和投诉，严重影响旅行社的声誉。与此同时，误机（误车、误船）事故也会给旅行社带来大量的工作和经济损失。因此必须要高度认识误机（误车、误船）事故的严重性和危害性，杜绝此类事故的发生。

误机（误车、误船）事故一旦发生以后，旅行社管理者和接待人员必须采取各种必要的补救措施，妥善安排游客在本地滞留期间的生活和活动，力争缓解不满情绪，使不利影响减少到最低限度。

1. 误机（误车、误船）事故的预防

（1）要提前做好旅游团（者）离站交通票据的落实工作，并核对日期、班次、时间、目的地等有无变化。临行前对交通票据进行核实（四核实：计划时间的核实、票面时间的核实、时刻表的核实、问讯的核实）。

（2）离开本站的当天，尽量不安排旅游团（者）到范围广、地形复杂的景点参观游览，也不要安排到热闹的地方购物或自由活动，以免分散后难以集合，耽误离开时间。

（3）照章办事，安排充裕的时间去机场（车站、码头），保证旅游团（者）按以下规定时间到达离站地点：乘坐国内航班提前 1.5 小时到达机场，乘坐国际航班提前 2 小时到达机场，乘坐火车或轮船提前 1 小时到达车站或码头。

（4）杜绝此类事故的根本措施是强化管理，制定必要的规章制度；加强工作人员的责任心；制定严密而有效的接待工作程序和岗位责任制并严格执行，加强接待工作环节的联系检查和审核制度；制定处罚条例，责任者不能只检讨了事，还应承担经济损失并受政纪处分。

案例思考

××旅游团将于9月30日下午6:30乘坐火车离开武汉市。地陪小陈带领该团游览了归元寺以后，于下午5:00送游客去火车站，结果不料当日武汉市大堵车，好不容易赶到火车站时，火车已经驶离站台。事后解决事故时旅行社为此付出了相当大的代价。

请尝试分析一下，在该案例中，小陈出现了哪些差错？

2. 误机（误车、误船）事故的处理

旅行社管理者与导游人员在处理误机（误车、误船）事故时，应根据不同的情况，努力做好补救工作，采取必要的补救措施。

（1）首先应该稳定游客的情绪，同时立即设法与机场（车站、码头）联系。如是来不及赶到的情况，应立即与机场（车站、码头）调度室联系，请求等候，讲明该团名称、人数，现在何处，大约何时能抵达。取得同意后立即组织游客尽快赶赴机场（车站、码头）。

（2）如协商未果或交通工具已驶离，可以争取安排游客乘坐最近班次的交通工具离开。

（3）如果无法获得当天其他航班（车次、船次）的交通票据，可设法购买最近期的飞机（火车、船）票，使游客能够尽快离开。

（4）如果时值旅游旺季，旅行社无法购买到近期的正常航班（车次、船次）的交通票可采取包机（车、船）或改乘其他交通工具的方式，使游客能够尽快离开。

（5）当游客无法立刻离开本地时，导游人员和旅行社必须赔礼道歉，安抚与稳定游客的情绪，争取谅解，妥善安排在当地滞留期间的食宿、游览等事宜，及时向有关领导汇报情况，听取指示。必要时由旅行社有关负责人通过适当方式（宴请或赠送纪念品等）再次表示歉意。

（6）及时通知下一个接待站有关本次误机（误车、误船）信息，加强沟通，以便下一站做好应变。

课堂讨论

当出现误机（误车、误船）事故，应该如何进行责任处理？

四、游客走失

在游览或自由活动时，个别游客走失事故时有发生，原因多种多样。有的是由于导游人员照顾不周或安排参观时间不当造成的；更多时候并非导游人员的责任，而是由于游客滞留、不熟悉路线等原因与集体脱离所造成的事故。

课堂讨论

请你想一想，有哪些原因会造成游客走失事故？

1. 游客走失事故的预防

（1）做好相关的提醒工作与事项。提醒游客记住接待社名称、导游人员的联系号码与方法、下榻饭店名称、饭店地址及电话号码等，同时向游客讲述走失后的处理与联系办法，以防万一。

（2）每天向游客报告当天的行程安排，讲清游览地点、午餐和晚餐用餐地点、用餐餐厅名称，必要时告知餐厅的联系号码。

（3）下车后进入游览点之前，要告知旅游车的停车地点、车型、车牌号及标志，并强调集合与开车的时间。

（4）进入游览点后，在该景点的示意图前，要向游客介绍本次进行的游览景点路线、所需时间、集合时间与地点等信息。

（5）时刻与游客在一起，密切关注游客动向，不断提醒游客要集体行动、相互照应，建议结伴同行，行走线路不要拉得太长、太远，经常清点人数。

（6）与领队和全陪人员相互配合，分工协作，共同管理。游览行程中地陪人员在前面带队讲解，全陪人员在队尾跟随并且经常清点游客数。活动行走过程中要特别多关照那些年老体弱、有残疾、带有儿童、爱照相和购物的游客。同时要注意在每次结束活动前，特别是准备搭乘交通工具离开时都要再三核查人数，以防游客走失。

（7）提高导游业务水平能力，以丰富的讲解内容和高超的导游技巧吸引游客使其聚集在身边，可有效防止走失。

（8）如果属于游客自由安排活动的情况，要关照游客外出时应随身携带饭店店徽或宣传小册子，尽量不去或少去人群拥挤或偏离市中心的地方，晚间外出要早些返回饭店。必要时可以写便条让游客随身携带，以防万一。

课堂讨论

当出现下列游客走失事故的情况时，应该如何进行责任处理？

1. 如果是接待人员的责任所造成的事故。
2. 如果是游客自身的责任原因所造成的事故。

2．游客走失事故的处理（见表 5—2）

表 5—2　游客走失事故的处理方法

事故原因类型	处理方法
旅行游览过程中发生的走失事故	1．应立即与全陪和领队进行紧急商讨、协调分工，及时弄清情况，积极采取有效措施，迅速组织寻找，不可大意和拖延。不应因走失事故而影响团内其他游客情绪和要求 2．向旅行社和游览地管理部门报告走失情况，请求协助寻找 3．采取必要措施后仍找不到走失的游客时，迅速与旅行社或饭店前台取得联系，尽快通报情况，注意是否自行返回 4．事后做出总结，分清责任，吸取教训，写出书面报告
自由活动中发生的走失事故	1．报告旅行社，请求指示和帮助 2．向走失游客的旅行同伴或同房的游客询问其走失的大概时间和地点，以便设法寻找 3．组织人员进行寻找。随时与饭店总台或楼层服务员保持联系，询问走失者是否自行返回 4．如果经过寻找仍未发现走失者，则请示领导后向事故发生地或饭店所在辖区公安机关、管理部门报案，请求帮助寻找 5．做好善后工作。并以适当方式提醒团队游客引以为戒，避免事故再次发生

案例思考

××旅游团将于10月30日下午6:30乘坐火车离开南京市。地陪小陈带领该团游览了中山公园后，于下午4:00将该团带到市中心购物，在下午5:30全团上车后发现少了三位游客。当小陈找到游客，赶到火车站时，火车已经驶离站台。

请分析一下，在该案例中，应怎样对待走失的游客？

五、游客丢失证件、钱物、行李

旅游度假期间，游客往往轻松自在，警惕性不高，丢失物品就成为了一种比较常见的现象。如果丢失了证件、行李和贵重物品，不仅会给游客造成不便和烦恼，也会给导游人员带来麻烦和困难。导游人员应经常关注游客人身与财产等方面的安全，采取各种措施预防此类问题的发生。

1．游客丢失证件

丢失证件是指外国游客丢失外国护照或签证、华侨丢失中国护照、港澳同胞丢失“港澳居民来往内地通行证”、台湾同胞丢失“台湾同胞旅行证明”、出境旅游的中国公民丢失护照或签证、国内旅游的中国公民丢失身份证与相关工作证等。

知识链接

旅游期间要多做提醒工作。平时在行程中要提醒游客看好随身财物；在热闹、拥挤的场所要时刻提醒游客保管好钱包、手提包和贵重物品；在离开饭店时，提醒游客检查是否带好了随身行李，护照等证件是否在身边；到达参观游览景点，游客下车前，要提醒游客顺手关好车窗，提醒驾驶员清车并锁车，建议驾驶员不要离车，防止放在车上的财物被盗等。以上措施可有效地避免游客证件和财物的遗失，同时也显示出导游人员对游客的关心。

（1）游客丢失证件的预防

1）预防游客遗失证件的主要手段是不断地提醒游客保管好证件。如果当天不使用证件，最好建议证件由领队统一保管或存放在饭店的保险柜内。

对于入境游客，提醒的场合很多：入境第一站进入下榻饭店填写入住登记表时使用护照、团体签证后，每次外出参观或自由活动前，到人多拥挤的商业区、景点景区游览前，离开饭店去交通港前，抵达交通港进入口前，使用护照兑换外币时，其他一些需要使用护照、签证的场合等。对于国内游客，也要提醒在一些场合中保管好居民身份证或其他相关证件等。

导游人员对以上环节不仅要提醒，必要时还要询问游客是否随身携带，每次下车参观前提醒不要把证件放在车上，每次到热闹街区或自由活动前提醒照看好证件，通知隔夜交行李时强调不要将证件夹放在交出托运的行李箱内，准备赴交通港前提醒随身携带护照、签证、居民身份证等证件。抓住以上环节，基本上可预防遗失的可能。

2）导游人员使用游客证件时按需收取，用完后应立即归还。在工作中如果需要使用游客证件时，要由领队随时收取，用毕立即当面如数归还，不要代为保管证件，归还时提醒游客清点和收存好证件。

3）游客离开本地前，导游人员应该仔细认真地清点自己的物品，检查是否因工作原因还保存有游客的证件。

（2）游客丢失证件的处理

对于由于游客个人原因造成的丢失旅行证件等事故，旅行社虽然无须承担任何责任，也无须予以赔礼道歉或赔偿经济损失，但是应该从同情和关心的立场出发，积极协助游客处理好这类事故。

如果游客不幸丢失了相关证件，导游人员应先做好安抚工作，请游客冷静地回忆丢失过程，详细了解丢失情况，尽量协助寻找。如果确定丢失，应马上报告旅行社，根据旅行社的安排，协助游客向有关部门报失与补办必要的手续，但所需费用由游客自理。

处理游客丢失证件的具体方法见表5—3。

表5—3　　游客丢失证件的处理方法

事故类别	处理方法
外籍人士丢失护照	准备照片并持地接待社开具的证明去当地公安机关挂失，然后持挂失证明去其所在国驻华使领馆申请新护照，领到新护照后，再去公安机关办理签证手续
华侨游客丢失护照	由当地接待社开具证明，准备照片后再持遗失证明到省级公安机关或授权的公安机关报失，申领新护照，并去侨居国驻华使领馆办理入境签证手续
中国公民在境外丢失护照、签证	首先到当地旅行社开具证明，准备照片，连同当地公安机关出具的报案证明及有关护照资料到我国驻该国使领馆办理新护照。其次携带必备的材料和证明到所在国移民局办理新签证手续
外国领队丢失团队签证	提醒领队准备好必要的资料，包括签证副本、旅游团成员护照、重新打印的全体成员名单等。认真填写有关申请表，然后带好上述资料到省级公安机关出入境管理部门补办团队签证
港澳居民丢失来往内地通行证	由当地接待社开具遗失证明，持此证明向当地公安机关报失，经查实，由公安机关出入境管理部门签发一次性有效的《中华人民共和国出境通行证》
台湾同胞丢失台湾同胞旅行证明	应向当地的中国旅行社或户口管理部门或侨办报失，核实后，发给一次性有效的出入境通行证
中国公民在国内旅游期间丢失身份证	由遗失地负责接待的旅行社开具遗失证明，并由遗失者持证明到当地公安机关挂失，公安机关经核实后开具身份证明

续表

事故类别	处 理 方 法
机票票据遗失	如果是遗失了机票，则应查明遗失的机票和姓名立即到当地派出所或公安局报案，取得遗失证明，然后到航空公司当地办事处办理挂失手续。各个航空公司办理方法不相一致，可根据实际情况办理
火车票票据遗失	在乘车前丢失火车票，应该积极寻找，如果记得所购车票的票号，最好到车站退票窗口挂失；在列车上发现丢失车票，从最近后方营业站起补票；丢失车票重补车票后又找到车票，要立即向列车长声明，由列车长开具证明交给游客，到下个车站连同原票交车站售票窗口，办理手续

知识链接

关于机票遗失的处理，各国航空公司的处理方法不尽相同：有的航空公司审核所提供的报失材料后，只需付小额的手续费，即可补领一张新机票。有的航空公司要求重购一张机票，然后在出票地点向航空公司挂失并申请退回原购买机票的票款，但须等待一年至一年半左右的时间，在等待期间如果该机票未发生冒用、冒退的情况，航空公司会通知退款。

作为旅客应该向航空公司提供以下材料：遗失机票的情况证明（由当地公安机关出具报案遗失证明）或机票复印件、购票发票及姓名、行程、出票日期、舱位等级、票号等。

案例思考

××旅游团的一位游客自由活动时到武汉市市中心购物，不慎遗失了背包，当时现金、手机和身份证件等都在包里。同时因为身份证件的丢失，导致该游客可能不能乘坐飞机离开当地。该游客很着急，找到了地陪小张，请小张帮忙解决。小张将此事汇报旅行社领导后，由旅行社出具遗失证明，并陪同该游客持证明到当地公安机关挂失，经核实后开具身份证明。

请讨论一下，导游人员应该怎样提醒游客保管好相关证件？

2．游客丢失钱物

游客在旅行过程中由于不慎遗失或被盗等原因丢失钱物，属于意外事件，多数情况下与旅行社并无直接关系。但在旅游期间丢失财物，不仅给游客带来经济上的损失，也带来生活上的不便，如系丢失贵重物品，还会影响游客出境，需要旅行社或导游人员帮助其办理有关证明和索赔手续，间接给接待工作带来困难。

导游人员要做好相应的提醒工作，提醒游客妥善保管好财物。

（1）游客丢失钱物的预防

1）在人多手杂、比较混乱的地段，做好提醒事宜，时时注意钱包。

2）提醒游客不要带大量现金在身上，最好存放在银行卡里，身边只携带少量零钱。

3）提醒游客不要露富，不要攀比财富，以防被心存不轨之人盯上。

4）提醒游客提防身边可疑的陌生人。

5）入夜以后劝阻游客少外出自由活动，尤其不宜单独活动。

（2）游客丢失钱物的处理（见表5—4）

表5—4　　游客丢失钱物的处理方法

事故类别	处理方法
游客丢失现金	弄清楚确系丢失还是放错地方。如果丢失现金导致其旅游过程中生活发生困难，可协助给其家中打电话要求汇寄钱款，以保证游客旅游活动继续正常进行
游客丢失信用卡	应提醒游客尽快致电发卡行进行挂失
钱物（特别是贵重物品）被盗	属于治安事故，须立即向公安部门和保险公司报案，协助有关人员查清线索，力争破案，找回被窃物品，挽回不良影响
丢失的是进关时登记的或保险的贵重物品	接待社要出具证明，游客持证明到当地公安机关开具遗失证明，以备出海关时查验或向保险公司索赔

导游人员应适当安慰游客，缓解其不快情绪，同时立即向旅行社领导汇报，听取领导指示。如确实丢失则详细了解丢失物的形状、特征、价值，分析物品丢失的可能时间和地点并积极帮助寻找。必要时陪同他们到可能丢失的景点、饭店、餐厅、商场等现场去寻找。如果丢失之物不能马上找到，应请游客留下姓名和联系地址，以备有线索时联系。

案例思考

××旅游团是一个来自新加坡的商务旅游团。当游客下车参观游览完毕返回旅游车时，一名游客发现放在车座位上的高档手提电脑因车窗没有关严而被偷。该电脑中存有大量客户资料，失主十分着急，找到地陪小赵，请求帮助找回电脑。小赵向领导汇报后，陪同该游客一同报案。

请尝试分析一下，导游人员应该怎样对待游客遗失物品的情况？

3. 游客丢失行李

行李丢失是指游客托运的行李，在运输途中或交接过程中出现的丢失现象。

（1）游客丢失行李的预防

1）及时提醒。提醒游客交运前清点好行李物品，注意行李的增减情况。

2）加强责任心。旅行社行李员在接收行李时，导游人员应提醒行李员按照团名点清行李件数，检查行李有无破损、是否上锁，再由导游人员与行李员一起清点，并办理交接手续，迅速做好行李的运送工作。一旦发现行李破损、行李丢失、件数不符或错接行李，要迅速查明原因，找到责任部门，同时应向游客说明情况。

3）按业务规程办事。行李到达饭店被卸下后，负责交接的饭店行李员应与送行李的来人（一般是领队或陪同）清点行李件数，检查行李的破损及上锁情况，系好行李牌。如行李有破损、没上锁或异常情况（提手、轮子损坏，行李裂开、弄湿等），须在行李交接单上注明并签名证明。行李运至饭店楼层后，请楼层服务员清点行李件数后签名和签上工号，并写上到达时间。

知识链接

造成行李丢失的原因可能有：承运行李的航空公司、铁路、公路、水运等部门将行李不及时运到目的地或在途中将行李丢失；在候机、转车或离开饭店时游客没能照顾好行李，错拿了别人的行李或把行李与其他旅游团行李错放在一起；旅行社行李员在运送行李时将行李丢失；饭店行李员在把行李送往游客下榻的房间途中将行李丢失；游客行李被盗等。

（2）游客丢失行李的处理

一般来说，丢失行李最有可能在候机、转车或离开饭店时发生。查找行李，应由近及远，从最近处查起，即先查询行李部，再查询接待社的行李员，然后再查问交通部门，最后再上查到上一站的接待社和饭店。

事故发生以后，首先要找出行李可能出差错的环节。如果在本市范围内不能找到，应向旅行社汇报情况，委托有关部门进行查询。无论是否找到丢失的行李，事后都要写出书面报告，分析事故原因，明确事故责任，吸取教训，总结经验。游客丢失行李的具体处理方法见表5—5。

表5—5　游客丢失行李的处理方法

事故类别	责任归属	处理方法
抵达目的地，在站内发现行李遗失	游客所乘交通工具的航空公司（车站、码头）	1. 稳定游客情绪，协助冷静分析情况，报告旅行社领导 2. 到机场（车站、码头）的失物登记处办理手续，留下电话 3. 记下登记处及航空公司（车站、码头）办事处的地址、电话，经常打电话询问寻找行李的情况。协助游客购置必要的生活用品 4. 如果离开本地时行李还没有找到，应帮助将全程路线情况告诉航空公司（车站、码头），以便行李找到后及时送达。如果行李确实丢失，要进行索赔 5. 如果入境游客丢失行李物品中有向海关申报过的贵重物品，应协助其持旅行社证明到当地公安部门开具丢失证明书，以备出境时海关查验或向保险公司索赔

续表

事故类别	责任归属	处理方法
从机场（车站、码头）到饭店途中丢失行李	交通部门或行李员漏接、错接	1. 稳定游客情绪，报告旅行社领导，分析差错的环节，进行积极寻找 2. 帮助解决游客因丢失行李而面临的困难，同时与有关方面保持联系，直到找回行李 3. 如果行李中有进关时登记须复带出境或保险的贵重物品，接待社要出具证明，由丢失者到当地公安机关开具遗失证明，以备在出海关时查验或向保险公司索赔 4. 对于由旅行社行李接待人员丢失的行李，倘若无法找到，应由旅行社领导出面向游客表示歉意，并参照国际惯例酌情赔偿
抵达饭店后发生行李丢失	饭店人员	稳定游客情绪，报告旅行社领导，分析差错的环节，同时要求饭店行李部与楼层服务人员查找分送环节可能出现的差错（如是否送错楼层、房间或搞混了旅游团等），找回丢失的行李
行李被盗	当地治安事件	应迅速行动，详细而全面地了解行李丢失前后经过，向旅行社领导汇报，听取领导指示进行报案。经侦查确系失窃，应让失主用书面形式报告其失窃经过，并列出失物清单，再请公安部门开具失窃证明书。失主持失物清单和公安部门失窃证明书向投保的保险公司索赔。同时协同饭店一起帮助其解决因丢失行李造成的生活困难问题

案例思考

××旅游团的一位游客下了旅游车，在进入饭店后找不到自己的行李了，现金和生活用品等都在行李包中。该游客很着急，找到了地陪小林，要求小林帮忙解决问题，尽快找回行李物品。

请尝试讨论分析一下，在该案例中，小林应该如何对待与处理游客的问题？

六、旅游安全事故

旅行社接待过程中可能发生的旅游安全事故主要包括交通事故、火灾事故、治安事故、食物中毒事故、病亡事故和其他原因造成的游客意外伤亡和财物损失等。这类事故虽然无法预料，但是一旦发生以后，不仅给游客带来伤害和损失，对其他游客造成不良影响，而且会给旅行社带来经济损失并影响旅行社的声誉和形象。

导游人员在接待游客的过程中，必须全力维护游客的人身和财产安全，千方百计避免旅游安全事故的发生。

1．旅游交通事故

旅游交通事故是指旅行过程中因交通工具故障、驾驶员操作失误或游客行为不当而造成的事故。交通事故是多种多样的，诸如飞机失事、火车出轨或相撞、轮船失事、汽车相撞或翻车等。交通事故一般都会给游客带来人身和财产的严重损失。交通事故在旅游活动过程中时有发生，不完全是导游人员所能预料和控制的。

（1）旅游交通事故的预防

1）为了尽可能避免在旅游过程中发生交通事故，应合理安排日程，处处留有充分的行车时间，避免因为时间紧迫而高速行驶造成交通事故。

2）出发前，提醒驾驶员检查车况，发现事故隐患时必须及时更换车辆。

3）提醒驾驶员不要为赶时间而开快车，不开英雄车、赌气车，坚决避免酒后开车。

4）提醒驾驶员晚上休息好，不要太劳累，不开疲劳车。

5）行驶过程中，不与驾驶员交谈，导游人员即使有机动车驾驶证也不能代替驾驶员开车，应阻止非本车驾驶员驾车。

6）提醒驾驶员在行车时要注意交通安全，不要开快车。尤其当交通拥挤，时间仓促，在窄路、山区行车或遇大雨、冰雹、风雪等恶劣天气时，要随时注意前方路况，谨慎驾驶。

案例思考

地陪小兰在带游客游玩返程时，在半路上遇到山体滑坡，滚下来的石头严重损坏了旅游车，致使旅游车无法正常行驶，现场又缺乏修理工具，只能在原地等候。小兰同旅行社联系了以后，另派一辆旅游车过来，不过要等候几个小时。此时游客又饿又累，十分着急。无助的焦急等待使游客情绪难以平静。

请尝试分析一下，在该案例中，小兰在游客等待之际应该做些什么？

（2）交通事故的处理

旅游活动过程中如果发生交通事故，只要导游人员没有受重伤，神志仍然清楚，就应立即采取紧急措施，沉着、冷静、果断地处理事故，并做好善后工作，具体处理步骤与方法见表5—6。

表5—6　交通事故的处理步骤与方法

具体步骤	处理方法
立即组织抢救，特别是抢救重伤员	首先不能乱了方寸，应立即组织现场人员抢救受伤者，特别是重伤者。如不能就地抢救，应立即打电话给救护中心，将伤者送往就近的医疗单位抢救
保护现场，立即报案	事故发生后，应指定专人保护现场，并尽快通知交通和治安部门，请求派人前往现场处理。查清事故原因，分清责任，尽快通知当地保险公司查看现场
迅速汇报	安顿好受伤游客后，应迅速向所在旅行社领导报告事故发生地点、原因、经过及所采取的措施，游客伤亡情况，其他游客的反应等，听取领导对下一步工作的指示，请示善后处理的意见

续表

具体步骤	处理方法
做好游客的安抚工作	及时安抚游客的情绪，如果事故不是很严重，应尽可能迅速组织其他游客继续按原定计划进行参观游览活动。等事故原因查明后，要慎重地向全体游客说明
协助有关部门做好善后处理工作	应积极配合交通、治安部门调查事故原因；请医院出具诊断证明，请公安部门出具事故证明书，以备索赔；协助旅行社处理善后事宜
写出书面报告	事故处理结束后，应就事故的原因、经过，抢救经过，伤亡情况，游客的情绪和对处理的反应，事故责任及对责任者的处理等写出详细的书面情况报告交旅行社领导

2．火灾事故

火灾事故是危害性极大的旅游安全事故之一。一般是因防火意识薄弱、消防管理疏漏、工作人员操作失误、自然灾害引发或犯罪分子纵火等原因造成的失火，是威胁旅游业安全的一个重大隐患。

（1）火灾事故的预防

1）多做提醒工作，宣讲消防安全知识。随时提醒游客不要携带易燃易爆物品。

2）提醒游客在饭店或景点景区不要乱扔烟头和火种。告诫游客将未吸完的香烟掐灭，妥善处理烟蒂。

3）要提醒游客遵守旅游场所和饭店的防火规定等。

4）平时应主动了解饭店楼层、景点景区的太平门、安全出口、安全楼梯的位置以及安全转移的路线，以防万一。

5）提醒游客在住进房间后，及时对房内的设施和设备进行检查，确定是否有壁架，熟悉窗户的开关方式和方向，以及与邻近建筑物的距离或连接情况。

由于导游人员并非饭店或景点景区的员工，不能直接干预其消防工作，所以导游人员对于火灾事故的重点是如何组织和带领游客安全迅速地离开火场，避免蒙受损失，或设法将火灾给游客造成的损失降到最低限度。

（2）发生火灾事故的处理

1）立即报警。要记住火警电话（119），发生火灾时，及时通知消防部门。

2）应迅速采取措施，联系领队和全体游客。分工配合，听从指挥，迅速通过安全出口疏散，保证游客能够尽快疏散，逃离火场。

3）如果火势比较凶猛，来不及逃走，要引导游客自救。告诫游客不要用手触摸房门，如果房门很热，不要将其打开，应躲在房间里等待消防人员赶来或指示。如果房间里出现火情又无法逃离房间，可引导游客将脸贴近墙壁，用湿毛巾捂住口鼻，用厚衣物压灭火苗，泼水降温，等待救援。

4）协助处理善后事宜。游客得救后，立即组织抢救伤员，并将伤员送至附近医院。

5）采取各种措施安抚游客的情绪，帮助游客解决因火灾造成的生活方面的困难，设法使旅游活动继续进行。

6）协助领导处理好善后事宜，并写出详尽的书面报告。

案例思考

现在的大部分消费场所，进入以后犹如进入了迷宫，如果只是把逃生线路贴在墙上，许多消费者不会去注意。相当多的资料显示，在我国，火灾过程中有很多死亡者其实并不是直接被火烧死的。专家指出，社会消防教育跟不上，群众消防自救知识甚少，不知道在火灾中如何逃生，这才是造成人员大量伤亡的原因。

请尝试分析一下，导游人员为了防止火灾应该告诉游客哪些消防知识？

3. 治安事故

所谓治安事故，是指在旅游活动过程中，游客遭歹徒行凶、骚扰、诈骗、偷窃、抢劫、欺侮等，致使游客身心健康以及财产安全受到不同程度损害的事故。遇到此类重大旅游事故，旅行社接待人员、导游人员、驾驶员、全陪、地陪都要挺身而出与游客一起缉拿罪犯分子。

一些不法分子往往看准游客（尤其是境外游客）的财物，而把他们作为作案的对象，或潜入饭店进行盗窃，或实施公开抢劫，甚至出现杀害游客的恶性事故，对旅游业声誉和国家形象造成极其恶劣影响。因此，身处一线的导游人员应予以高度重视，防止这类事故的发生。

（1）治安事故的预防

1）提醒游客游玩时不要随身携带贵重物品，也不要放在客房里，而应该把它们存放在饭店为住宿者专门设立的保险柜里。

2）提醒游客不要将大量的现金放在手提包里，装有现金的钱夹应贴身存放，系好纽扣，以防被窃。

3）提醒游客对身边的可疑人物提高警惕，在繁华的街道上行走时，应特别留心那些似乎无意撞到游客身上或总是在游客身边挤来挤去的人，因为他们很可能是伺机行窃的小偷。

4）在机场（车站、码头）等处，导游人员和行李员应随时照看游客的行李，不能让它们离开视线。

5）提醒游客不与陌生人随便接触或告知其房号，不能在夜间贸然开门，也不要让陌生人或自称饭店维修人员的人随便进入房间。离开房间或睡觉时要将房门锁好。

6）提醒游客不与私人（黄牛）兑换外币。

7）离开旅游车时，提醒游客不要将证件或贵重物品遗留在车内。游客下车后应提醒驾驶员锁好车门、车窗。

8）在旅游活动中，导游人员应时刻与游客在一起，密切注意周围环境。

9）旅游车在行驶过程中，不得随意停车，不得搭乘无关人员。

（2）治安事故的处理（见表5—7）

表5—7　治安事故的处理步骤与方法

具体步骤	处理方法
保护人身和财产安全	当犯罪分子行凶、偷盗或抢劫游客钱物时，应毫不犹豫地挺身而出，保护游客的安全。迅速将游客转移到安全地点，并配合公安机关和在场群众缉拿罪犯，挽回损失
组织抢救	如有游客受伤，应立即组织抢救，及时送往医院治疗
保护现场，立即报案	如遇到盗窃、行凶事故，则应保护好事故现场，便于公安人员破案。立即向当地公安机关报告案件发生的时间、地点、经过，作案人的特征（性别、年龄、体型、长相、衣着等），受害者的姓名、性别、年龄、国籍、伤势，损失物品的名称、件数、大小、型号、特征等，协助公安人员破案
及时报告	应及时将事故发生情况向旅行社领导报告，包括出事地点、时间，游客姓名、性别、年龄、受害情况，现在何处、现状如何，受理案件的部门名称、地点、电话号码及办案人员姓名等，以便旅行社根据事故性质向有关部门上报和对此作出明确的指示。情况严重时，应请领导前来指挥、处理
安抚游客的情绪	应努力安抚游客恐慌不安的情绪，使旅游活动顺利进行
写出书面报告	事后应迅速写出事故的情况报告。报告的内容应包括受害人的姓名、性别、年龄，受害情况，事故的性质，采取了哪些紧急措施，报案及公安部门侦破情况，受害者和旅游团其他成员的反应和要求等
协助做好善后工作	根据事故性质，准备好必要的证明文件、材料，处理好理赔、伤残、死亡等善后事宜

案例思考

2016年10月，游客赵女士在结束港澳旅游入境珠海后，导游人员将全团游客带到珠宝店购物，一进商店，赵女士被一个自称家乡人的经理说动了心，花了三千多元买了一个玉石手镯，打算回来送给朋友。可是回来后才发现是假货。因为是导游人员将游客领到珠宝店购物，所以赵女士认为旅行社应当承担赔偿责任，但旅行社认为导游人员并没有强迫游客购物，况且是自主选择商品，购买者本身具有辨别真假的能力，买到假货是贪图便宜所致，旅行社不应承担赔偿责任。为此赵女士到旅游质监部门投诉，要求退回假珠宝，赔偿损失。

请尝试分析一下，导游人员为了防止顾客购物受骗上当，应该告诉游客哪些相关知识？

4. 食物中毒事故

食物中毒是一种严重的旅游安全事故，主要是吃了腐败、变质或不洁食物所引起的疾病。其症状除了腹痛、腹泻、头晕外，还伴有发烧、体力衰弱等。

食物中毒潜伏期短、发病快，轻者造成游客呕吐、腹泻，影响游客参加旅游活动的情绪，甚至迫使他们中断旅游计划，提前返回居住地；重者如抢救不及时，会导致游客伤残或死亡。

在旅游过程中，一旦出现游客食物中毒，不仅给游客本人造成极大的身体危害，而且还会给旅游企业的声誉造成不良的影响。为了杜绝这类事故的发生，无论是旅行社还是导游人员都应慎重行事，防患于未然。

（1）食物中毒事故的预防

1）应严格规定旅游团体在定点且经过有关部门检查合格的餐厅就餐。

2）应严格按照规定安排游客用餐，提醒并劝阻游客在个体小摊上购买食品或饮料，不要在个体小摊随意吃东西，劝阻游客饮用自来水。

3）在游客用餐过程中，如发现饭菜、饮料、水果等不卫生或变质，应及时与餐厅联系，要求换餐，并请餐厅负责人出面道歉。必要时可向旅行社领导汇报，请求其协调处理。

（2）食物中毒事故的处理

在旅游过程中，发生食物中毒事故后，应该采取以下措施：

1）应设法催吐，并让患者多喝水以加速排泄，缓解毒性。

2）将患者送往附近医院抢救，并请医生开具诊断证明。

3）立即报告旅行社，追究供餐单位的责任。

4）协助游客向有关部门索赔。

5）如果事故较严重，旅行社则应如实上报有关部门，通知组团社，涉及外国游客的，由国内组团社通知境外组团社。

5. 病亡事故

在旅游中生病和亡故不仅对游客本人来说十分不幸，同时也会给旅行社的接待工作带来困难，影响旅行社的接待服务效果。对于游客本人和旅行社都会造成一定的经济损失。

游客生病和亡故是旅行社接待过程中发生的比较少见的特殊事件。处理好此类事件对于减少游客及其亲属的痛苦，提高旅行社的服务质量具有重要意义。

（1）病亡事故的预防

1）旅行社接待人员在实施活动计划时，应根据天气变化、游客的身体状况和劳逸程度等因素对原先制定的活动日程进行适当调整，使游客避免因过度劳累或受冷受热等原因生病。

2）在生活安排（如饮食、药品、游览活动等方面）上预防游客患病。

3）了解游客的健康状况。多观察与照顾体弱游客，发现异常时，立即采取措施。

课堂讨论

游客患一般疾病的处理方式是什么？

（2）生病事故的处理

1）游客突发急病，有条件的应当就地抢救，然后以最快的速度送到定点医院或附近医院，必要时可以暂时中止旅行，及时将情况向旅行社报告。如果此事发生在飞机（车、船）上，应马上与机组人员、列车员、船上服务员联系，寻找医生采取急救措施，并尽快与下一站急救中心联络。对外国游客突患重病，要详细弄清楚其健康情况及其他游客提供的有关情况，如患者可能患有传染性疾病，则马上向旅行社领导和当地防疫站、卫生检疫机关汇报情况，并请示处理意见。通过旅行社向其国籍所属驻华使领馆报告，必要时请他们派医务人员来医院，听取他们的诊治意见。切忌擅自给患者用药。

2）送重病患者去医院时，须由患者亲属、领队或者由领队指定的游客陪同前往；抢救过程须有他们在场，如需手术要由他们签字。导游人员应了解整个抢救过程，做好必要的记录并妥善保管有关诊治、抢救及手术的书面材料。

3）抢救患者的同时，应尽量不影响其他游客的游览活动。

4）如患者需要住院治疗，不能按时离境，要常去医院探望以示关心，并帮助患者办理分离签证、延期签证及出院、回国、订交通票据等手续。患者离团住院期间的综合服务费由旅行社之间结算，按规定退还。

案例思考

地陪小李在带一个团队参观游览时，突然下起了雨。当晚小李特别叮嘱下榻的饭店给游客烧煮了些姜汤驱寒，但还是有几位年纪较大的游客因为天气变化的不适而感冒发烧了。小李知道以后，马上联系全陪与领队送这几位老人去医院，经过治疗护理后，老年游客们健康出院。

请尝试讨论一下，导游人员面对游客的突然患病应该怎么处理？

（3）死亡事故的处理

无论游客是因突发疾病正常死亡还是因旅游安全事故造成的非正常死亡，导游人员都必须保持清醒的头脑，按照国家的法律法规和旅行社的有关规定，沉着冷静地处理。游客因病亡故，导游人员应立即报告旅行社有关游客死亡情况，按照旅行社领导指示开展善后处理，切忌单独行事、违规处理。具体处理方法见表 5—8。

表 5—8　　　　死亡事故的处理方法

主要程序内容	处理方法
立即向组团社、当地接待社报告	死者家属抵达后，要向其提供必要的食宿和交通条件并慰问。如是外国游客，则通知家属及所属国驻华使领馆。如亲属不在场，应同领队一起与其所在国驻华使领馆商洽，设法与其亲属取得联系
详细报告抢救经过	由参加抢救的医师向死者亲属、领队及死者的好友或接待社代表详细报告抢救经过，并写出《抢救经过报告》及《死亡诊断证明》，由主治医师签字盖章并复印三份。如是海外游客的死亡证明应向公证机关申办公证（包括交给死者亲属的其他材料均应同样办理公证），而后到外国驻华使领馆内办理外国使领馆的认证。接待社还应向当地公安机关出入境管理部门注销死者的签证
处理死者的遗物（或留下的遗嘱）	由其亲友、领队或游客代表及全陪与接待社代表共同清点，列成清单，一式两份，注明移交时间、地点、在场人、物品件数、种类和特征等，经在场人员签字后，分别交亲属与旅行社保存，签字后办理公证手续。遗物（遗嘱拍照或复印留存）交亲属或由领队带回（外国游客遗物交使领馆托运回国）
遗体处理	应按死者亲属或使领馆意愿处理与办理
费用结算	死者抢救、医治、火化（尸体运送）、交通等所有费用，一律由死者亲属自理或死者所在的旅游团自理
善后处理	事件发生后，除领队、死者亲友和接待社代表负责处理外，其余团员仍按计划继续旅行，全陪原则上可随团继续旅行
总结报告	各种善后处理结束后，接待社应写出《死亡善后处理情况报告》，内容包括死亡原因、抢救措施、诊断结果、善后处理情况、其他游客反应、经验教训等。全陪要将死者病情、抢救经过、旅游团的反应及处理过程书等材料报告组团社

游客因灾祸、治安事故、自杀或疾病等原因死亡，处理过程中，旅游团领队、亲友或代表、外国游客所属国的驻华使领馆人员均须在场，公安机关、旅游管理部门、保险公司的有关人员也应在场，每个重要环节应做详细记录并有经得起事后查验的、具有法律效力的文字证据。

知识链接

正常死亡者或死因明确的非正常死亡者，一般不需作尸体解剖。如果死者亲属或所属使领馆要求解剖，可予以同意。但是必须提交由死者亲属提出并签名的遗体解剖书面请求材料或是由死者所属的外国驻中国使领馆有关官员签名的遗体解剖书面请求材料。遗体解剖书面请求应为一式两份和解剖结果证明书一起分别由有关方面保存。

遗体一般以当地火化为宜。对外方要求土葬，可以我国殡葬改革，提倡火葬为由予以婉拒。死者遗体由死者亲属、领队护送去殡仪馆火化，火化证明书交死者亲属或领队带回国。将骨灰运出境，托运人必须具备死亡证明书、火化证明书，证明书一式两份，一份留始发站，一份附在货运单后，随骨灰盒带往目的地站。

如果是尸体装棺柩出境，则要有死亡证明书，尸体由医院做防腐处理，由殡仪馆成殓，装殓时应由当地公安部门到现场，并出具防腐证明。灵柩要按规定用铅皮密封，外廓要包装结实，并发给装殓证明书。由出境口岸检疫机关发给尸体检疫证明书。由死者所在国驻华使领馆办理一张遗体灵柩经由国家的通行护照，此证随灵柩一起同行。由海关凭检疫机关出具的尸体、棺柩出境许可证明书放行。对严重腐败的尸体或因患传染病而死亡的尸体，必须就近火化。

6．其他旅游安全事故的预防和处理

其他旅游安全事故是指由于游客在旅游过程中晕机（车、船）、中暑、不慎摔伤、被昆虫咬伤等，导致游客身心受到伤害的事故。

在旅游活动中一旦发生此类事故，作为导游人员首先应设法为伤者做急救处理，然后根据伤情确定是否送医院抢救。具体处理方法见表 5—9。

表 5—9　　其他旅游安全事故的处理方法

事故类别	处 理 方 法
游客晕机（车、船）的预防和处理	应劝告游客在出发前不要饮酒、饱餐，出发前准备一些药物加以防范。当游客出现晕机（车、船）的症状，应设法在所乘坐的交通工具上寻找一块比较平坦的地方，让其平卧或静坐休息
游客中暑的预防和处理	如果发现游客出现大汗、口干、头晕、耳鸣、眼花、胸闷、呕吐、发烧等症状时，应考虑其是否中暑。可搀扶至阴凉通风处，让其平躺并解开其衣领，放松裤脚。如有可能让其饮用含盐饮料。如果出现神志不清甚至昏迷症状时，应立即送医院救治
游客摔伤事故的处理	1. 初步处理：止血、包扎、上夹板 2. 送医院：如摔伤严重，则应及时送医治疗 3. 善后工作：应将事故情况报告旅行社领导，根据领导指示，前往探望，帮助办理离团手续，协助索赔，写出书面报告

续表

事故类别	处 理 方 法
游客被昆虫咬伤事故的处理	1. 应急处理：发生被蝎、蜂蜇伤，应设法将毒刺拔出，将毒素吸出或挤出，然后用碱性液体冲洗伤口，以缓解疼痛；被蛇咬伤，首先要注意看伤口上的牙痕，如是被毒蛇咬伤，要立即把伤口上部扎紧，防止毒素扩散，同时在毒牙痕处切一道深约半厘米的切口（切口方向与肢体纵向平行），再设法把毒素吸出或挤出，用肥皂清洗伤口，然后及时送医院救治 2. 善后工作：将事故报告旅行社领导，根据领导指示善后
游客心脏病发作的处理	游客在旅游过程中突发心脏病时，切忌急着将患者抬（背）去医院，而应让其就地平躺，头放高，寻找备用药物让其服用。同时迅速同附近医院联系或呼叫救护中心，请求速派医生前来救治

第二节　游客个别要求的处理

一、游客个别要求处理的原则

导游人员对于游客提出的个别要求都应给予足够重视并及时处理。在处理个别要求时，不仅要注意处理的方式、方法和技巧，而且要遵循一些必要的原则，力争使游客愉快地进行旅行游览。

1. 游客至上原则

在导游服务关系中，游客是第一要素，没有游客，服务价值无从体现，旅游产品就销不出去，收益更无从谈起，工作岗位也就失去存在意义。

游客至上原则表现在尊重游客，全心全意地为游客服务。在处理某些问题时要以游客利益为重，不能过多地强调自身的困难，更不能以个人情绪来对待或左右游客，应尽可能地满足游客合理的要求。

2. 合理化原则

游客对安排计划中的吃、住、行、游、购、娱等往往十分挑剔。他们一般有求全心理，都强烈地希望旅游能够既愉快又圆满，甚至完全按照自己的心愿进行，这种求全心理和过高的愿望常常与客观实际相矛盾，因此游客往往会提出各种各样的要求和意见甚至进行投诉。面对这种情形，导游人员应冷静仔细地分析各种要求和意见是否合理、是否可以满足，最后视具体情况进行处理。

（1）合理而可能的意见与要求

游客是导游人员的主要工作对象，努力满足游客需要是导游服务的基本原则，使他们愉快地度过旅游生活是导游人员的主要任务，这一切应贯穿于导游服务的始终。

对游客所提出的合理而可能满足的意见与要求必须尽量满足。这些要求往往是一般旅游日程以外的个别要求或额外要求，导游人员应当妥善安排，插入已定活动日程，或安排在日程之外单独进行。

案例思考

旅游旺季常常是导游人员最为忙碌的时候。某天晚上地陪小王在送客的返途中又接到通知，要求他临时接替因故来不及赶往机场的同事去接新旅游团，并送到指定饭店安顿。该团队到了饭店后本来是安排住宿、休息与自由活动，但是游客们拉着小王咨询当地民俗风情、名特产品与一些相关事宜，并请求小王陪他们逛街。虽然小王自己也很疲劳，并且这个团队不属于自己接待的团队，但没有找借口加以推脱。事后这批游客知道了小王不是他们的地陪，但仍不辞劳苦地解答与服务后大加赞赏，并给旅行社写了感谢信。

请尝试分析一下，在上述案例中，小王是否可以拒绝游客的要求？如果你是小王，你是否会同等办理？

（2）合理而不可能的意见与要求

游客提出的有些意见与要求虽然看似合理，但旅游合同上没有规定这类服务或在目前还无法提供这类服务。此时不要以“办不到”一口拒绝，应该做出实事求是、合情合理的耐心解释，确实无法办的，也会得到游客的体谅。

导游人员可以提出一些替代性办法或建议供游客参考，借以弥补其内心失落与遗憾。

（3）合理而可能，但是会影响他人的意见与要求

游客提出的意见与要求是合理而可能，但会影响到他人时，导游人员应仔细考虑。一般来说，先在旅游团内进行协调商议，如果不成功，那么可以提出替代性建议或是婉拒。

（4）不合理且不可能的意见与要求

旅游团中难免有无理取闹、提出无理的意见与要求来故意刁难导游人员的游客。对这一类不合理且不可能的苛求和挑剔，导游人员要礼让三分，保持沉着冷静，始终有理、有利、有节。不得意气用事，不得与其争吵，更不能与其肢体冲突，以免影响旅游

活动，造成不良影响。

如果个别游客的无理取闹影响了旅游团的正常活动，可请领队协助出面解决，或直接面对全体游客，请他们主持公道。确有困难时应向旅行社领导请示汇报，请其协助解决。

3．规范化服务与个性化服务相结合原则

规范化服务又称标准化服务，是由国家（或）行业主管部门所制定并发布的某项服务（工作）应达到的统一标准，要求从事该项服务（工作）的人员必须在规定时间内按标准进行服务（工作）。

知识链接

关于导游服务，我国目前已经发布了两个标准，一个是1996年6月1日实施的《导游服务质量国家标准》，另一个是1997年7月1日实施的《旅行社国内旅游服务质量要求》。这两个标准都规定了导游服务的质量要求，提出了导游服务过程中若干问题的处理原则，是当前指导我国导游工作的权威性文件，也是导游人员向游客提供服务的工作指南。但按照标准进行导游服务还不等于优质导游报务，因为标准只是对导游服务质量提出的基本要求。

个性化服务也称特殊服务，它是在执行标准规定的要求、旅行社与游客之间约定之外，按照游客的合理要求而提供的服务。一般是以游客为本，并根据游客层次及需求上的差异，针对个别要求而提供的，所以称之为个性化服务。

导游服务是旅行社提供的各项服务中的一个重要方面，导游人员应当在保证旅行社利益前提下，在标准要求基础上提供优质的个性化服务，将规范化服务与个性服务有机地结合在一起，以便更好地为游客服务。

课堂讨论

平等为客提供服务的原则是否与为客提供个性化服务相冲突？

二、游客在餐饮、住宿方面的个别要求

游客在旅行游览过程中就餐饮、住宿方面的特殊要求比较多，导游人员要高度重视吃与住等方面的个别要求，认真且合情合理地进行处理。

1．餐饮方面的个别要求

（1）特殊的饮食要求

出于宗教信仰、生活习惯、身体状况等原因，有些游客会提出饮食方面的特殊要

求。如不吃荤腥、油腻、辛辣食品，不吃某些肉食，不吃海味，甚至不吃盐、要求低糖等。

这些特殊要求如果是在旅游协议书中有明文规定的，那么应该早作安排，检查落实情况，并且不折不扣地兑现。如果是抵达餐厅以后才提出来的，应该尊重个人需求，尽快同餐厅取得联系以满足需求；如果确实有困难的，双方在不改变餐饮标准的情况下，可以协商更换部分菜肴，但要双方同意，必要时做好记录说明并请双方签字。

（2）换餐或加菜的饮食要求

有时游客要求换餐，如将中餐换成西餐，便餐换成风味餐等。一般来说，应该严格按照旅游协议书中的规定与标准来执行就餐事宜。对饮食要求的处理见表5—10。

表5—10　　换餐或加菜的饮食要求

时间要求	解决办法
开餐3小时之前	可以帮助联系，按有关规定办理，协商解决问题
即将开餐前或是在餐中	一般不应该接受，同时耐心解释与说明。如果游客执意更换，可以建议自行点菜，声明费用自理

在就餐过程中，如果游客要额外加菜或增加酒水饮料，所用费用应当向游客声明自理，在游客同意的情况下，请餐厅尽快办理。

案例思考

小刘带法国旅游团游览长江三峡，游船上的中国菜肴十分丰盛且没有重复。但一日晚餐过后，一名游客对小刘说："中国菜很好吃，每次都吃得很多，不过今天肚子有点想家了，你要是吃多了面包和黄油，是不是也想中国的米饭？"旁边的游客也笑了起来。虽说是一句半开玩笑的话，却让小刘深思。晚上小刘与游船领导说明情况，提出第二天安排西餐的要求。第二天，当游客发现吃西餐时，个个兴奋地鼓起了掌。

请讨论本案例中的情况，假如你是小刘，你会怎么办？

（3）要求推迟就餐时间的餐饮要求

游客因为生活习惯或其他原因要求推迟用餐时间，导游人员可与餐厅联系，并视具体情况处理。一般情况下，要向旅游团说明事先计划和安排的用餐时间，如果餐厅能够满足要求则按照游客需要的时间开餐；如果不能满足用餐时间要求，则应解释说明情况，请领队协调解决。

如果游客执意推迟就餐，建议点菜，费用自理，餐费依据协议不予退还。

（4）自费风味的饮食要求

游客提出自行在外用餐，品尝当地的名特小吃或风味美食时，一般不应阻止，尽量提供方便。同时提醒游客，餐费依据协议不予退还。

（5）单独用餐的饮食要求

因游客自身原因错过团体用餐或是因为同其他游客有矛盾，不愿意在一起用餐而提出单独用餐的饮食要求，导游人员不应寻根问底，尽量不介入其中，向游客说明难以照办的原因，请领队协调并解决问题。

课堂讨论

如果游客坚持单独用餐，其享受的综合服务费应该如何处理？

（6）邀请导游人员一起品尝风味的餐饮要求

导游人员同游客之间相处融洽，关系和睦，游客会邀请导游人员一起品尝风味或一起进餐。

一般情况下，应该表示婉拒，以防让其他游客产生亲疏有别的误解。实在推脱不掉而接受邀请时应表示谢意，同时注意礼节，分清主次。

（7）客房用餐的饮食要求

当游客提出在客房用餐时，要根据原因区别对待。如果是因为疾病等原因行动不便，不方便到餐厅就餐，应主动提供超常服务，与餐厅联系或是由导游人员亲自送饭，并表示关心与慰问；如果游客没有其他原因，只是想在房间内用餐，可以联系送餐服务，但要说明费用自理。如果餐厅不提供送餐服务，则及时说明原因，请游客自行处理。

案例思考

洛阳某旅行社委派地陪赵某随团服务，赵某为提取回扣，进行了言过其实的宣传，诱导游客主动将原定餐食改为“洛阳水席”，但当游客面对汤汤水水时，发觉与赵某宣传不符，连呼上当。不料，第二日赵某又宣布，因“水席”标准超过原定标准，故需加收餐费。游客表示不满，但因已食用了“水席”，不得不交出超支餐费。事后游客投诉该旅行社。赵某则称，为了使游客品尝地方风味，做了夸张宣传，但动机是好的，而游客食用“水席”加收餐费理所当然，并无不妥。

请尝试分析一下，在上述案例中，赵某的观点是否正确？

2．住宿方面的个别要求

游客到某地旅游，住宿等级标准是在旅游协议书中有明确规定，事先安排好的。如果游客在入住时提出要更换所安排的房间，则要视具体情况而定，处理办法见表5—11。

表 5—11　　住宿方面的个别要求的处理办法

游客个别要求	处 理 办 法
要求更换同等标准房间	1. 如果是房间等级低于旅游协议书中所标明的等级，则无条件给予更换，如果确有困难的须说明原因，共同协商并提出补偿条件 2. 如果是房间卫生状况很差，应立即请饭店服务人员进行打扫和消毒。必要时可更换饭店 3. 如果是房间设施设备故障等原因，应找饭店修理，一时难以修好的应更换房间 4. 如果是房间位置、朝向等原因，如有空房则可适当予以满足或是内部调配。无法满足时应做解释说明并致歉 5. 如果是同一房间内的游客因为闹矛盾或是起居习惯不一致等原因，可在团内协商解决
要求更换更高标准客房	要求高于旅游协议合同规定标准的客房，如饭店能够安排，则可以满足，但须说明由其支付退房损失和房费差价
要求住单间客房	如饭店有空房时可予以满足，但须事先说明房费由游客自理（一般是谁提出要求谁付费）
要求购买客房内摆设物品	游客要求购买饭店房内物品，应协助同饭店有关部门咨询与联系

案例思考

某旅游团中同一房间的两名游客因口角纷争闹矛盾，他们找到地陪宋某，要求分开住宿。宋某了解到情况后，请领队分别给两人做工作，化解了两人的矛盾与不愉快，使两人和解，住宿在原来安排的房间中。

请尝试分析一下，在上述案例中，宋某的做法是否正确？当游客之间出现矛盾时应该怎样处理？

课堂讨论

如果游客坚持更换房间，其房费差额应该如何处理？

三、游客在娱乐、购物方面的个别要求

1. 在娱乐方面的个别要求

文娱活动是旅游团晚间活动的重要内容，是一种积极休息的办法。娱乐活动可以对旅途生活起到锦上添花的作用。文娱活动既有协议书规定的，也有游客要求自费观赏的文娱演出。

对于文娱活动，游客各有爱好，不应强求统一。游客提出文娱活动方面的要求时，导游人员应本着“合理而可能”的原则，视具体情况妥善处理。

（1）旅游计划协议书规定的文娱活动

一般在协议书中无明文规定的，导游人员最好事先商量，然后再安排。

旅行社已安排观赏文娱演出后，游客要求观看另一演出，如果时间允许又有可能调换时，可请旅行社调换；如无法安排，要耐心解释，请游客谅解。

如果游客坚持要求观看别的演出，则要求该游客承担票据损失和相关费用，同时对其去观看别的演出给予协助，费用自理。

如果游客分路观看文娱演出，如两个演出点在同一线路，导游人员要与驾驶员商量，尽量提供方便。如果不同路，则应安排车辆，车费自理。

案例思考

某旅游团早上到达A市，按计划上午参观景点，下午自由活动，晚上观看文艺演出，次日乘早班机离开。抵达当天，恰逢当地举行民族节庆活动，并有通宵篝火歌舞晚会等丰富多彩的文艺节目。部分团员提出，下午想去观赏民族节庆活动，并放弃观看晚上的文艺演出，同时希望能派车接送。

请讨论一下，针对此种情况，导游人员应怎样处理？应做好哪些工作?

（2）旅游计划协议书没有规定的娱乐活动

游客提出自费观看文娱演出或参加某种娱乐活动，一般应予以协助，如帮助购票、联系出租车等，通常不陪同前往。游客没有确定进行何种娱乐活动，而又希望有夜间活动时，导游人员要介绍当地的道德风貌及文化传统，可以介绍他们到饭店、国际俱乐部或有关娱乐场所去跳舞、游艺、打球、下棋或进行其他健身有益的活动等。如果刚好碰到当地举行游园、灯会、庙会、文娱晚会、体育比赛或表演，游客要求安排观看，应视情况满足要求，但要组织好，注意安全，并尽可能陪同前往。

案例思考

地陪小张接待一个欧美旅游团队。一天晚上按旅游协议安排自由活动时，有游客要求带他们前往不健康的娱乐场所。对此，小张断然拒绝，严肃指出要求去不健康的娱乐活动和过不正常的夜生活不符合中国的传统和道德观念，在中国是被禁止和违法的。

请尝试分析一下，在上述案例中，小张的做法是否违背了游客至上原则？如果你是该旅游团的导游人员会怎么做?

2. 在购物方面的个别要求

购物是旅游活动的六大要素之一，其本身也是参观游览活动的重要补充。具有民族特色的旅游纪念品或是商品不仅被游客喜爱，而且可以使游客从中对一个国家（地区）的文化传统有进一步的了解。因此，导游人员应高度重视此类个别要求，认真、热诚、耐心地设法予以满足。

购物过程中要提醒游客注意安全，特别是当购物线较长时，可说明各商店位置及路线，并提醒游客记住集合时间、集合地点及乘坐的旅游车的车牌号等。当旅游团快离开本地时不宜安排到热闹地区购物，也要劝阻单独外出购物的游客，以免影响到全团的行程。游客在购物方面个别要求的处理方法见表 5—12。

表 5—12 游客在购物方面个别要求的处理

游客要求类别	处理方法
要求单独外出购物	计划外的单独外出购物要予以协助，当好参谋。如建议购物场所，应安排车辆并写上便条（写明商店名称、地址和饭店名称）等
要求陪同购物	请求陪同前往购物，如果时间允许又不影响其他工作时可陪同前往。如不能陪同前往，可写便条注明商店位置和打算购买的物品名称，帮助联系出租车，并向出租车驾驶员交代清楚地点
要求退换商品	购物后发现是残次品、计价有误或对物品不满意，要求帮助退换。此时不得敷衍、搪塞和推脱，应积极协助，以维护双方的信誉与利益
要求再去商店购买喜欢的商品	当场未买，事后回饭店又想购买，要求协助。只要时间允许，可以写便条让其乘出租车前往购买，也可陪同前往
要求购买古玩或仿古艺术品	购买古玩或仿古艺术品，应带其到文物商店购买。事后提醒保存发票，保留火漆印。劝阻在外面购买古玩物品的行为，并告知我国海关规定。如发现有走私文物的可疑行为，须及时报告
要求购买中药材、中成药	购买中药材、中成药时，应告知我国海关的规定
物品缺货，委托代寄	拟购物品缺货而未能当场购到，临行前提请代办。此类要求一般以不接受为宜，特殊情况可以请示领导同意后协助办理。接受委托后，单据和商品应交旅行社有关领导审核无误再办理托运或邮寄

知识链接

进境旅客出境时携带用外汇购买的、数量合理的中药材、中成药，需向海关交验盖有国家外汇管理局统一制发的“外汇购买专用章”的发货票，超出数量范围的不准带出（前往国外的，总值限人民币 300 元；前往港、澳地区的，总值限人民币 150 元）。对于本国游客虽然没有什么限制，但是为了避免买到假货或是次品，最好建议去正规旅游商品购物店购物。

案例思考

地陪小方在接待一个美国旅游团时，发现有游客对地摊上的古旧字画特别感兴趣，认为其物美价廉，甚至想当场购买。小方立即加以劝阻，并建议游客到正规文物商店中购买。

请尝试分析一下，在上述案例中，小方的做法是否正确？

四、游客要求自由活动和代为转递物品

1. 要求自由活动

游客有时出于种种原因要求自由活动或单独活动时，导游人员应根据情况，按“合理而可能”的原则妥善处理，并认真回答咨询，提出建议，尽量满足要求。

游客可能曾经多次游览过某一景点，因而希望不参加活动，如果其要求不影响整个旅游活动，可以满足并提供必要协助，但要提醒晚餐时间和地点等。

到某一游览点后，游客希望不按规定的线路游览而自由游览或摄影拍照时，如环境许可（游人不多，秩序不乱），可满足其要求。但是要提醒其集合时间和地点及旅游车的车牌号。

导游可给游客留便条，以备不时之需。便条内容：前往目的地的名称、地址、集合时间、集合地点和所乘车牌号、下榻饭店的名称和电话号码等。

晚上如无活动安排，游客要求自由活动时，应建议不要走得太远，不要前往秩序比较混乱的场所，不要太晚回饭店，最好结伴同行，注意安全等。

知识链接

存在安全或行程等问题时，需劝阻游客自由活动，但要耐心解释，说明原因，以免游客误解，引起不愉快。

1. 如旅游团计划去另一个旅游游览目的地或即将离开本地时，要劝游客随团活动。

2. 如地方治安不理想或有不安全因素时，要实事求是地说明情况，劝阻单独活动。

3. 要劝阻前往复杂、混乱的地方自由活动，尤其是不宜单独去人生地不熟、车水马龙的街头游玩。

4. 游河（湖）时，游客提出划小船或在非游泳区游泳的要求时，不能答应，以避免发生意外。更不能置旅游团不顾而陪少数人划船、游泳。

5. 在过索道桥或攀爬比较陡峭的山石及台阶，游客提出单独行动或拍照时，不宜答应，以免发生意外。

6. 不得答应游客去不对外开放的地区、机构参观游览的要求。

案例思考

地陪小孙带团在一个大型景区里参观游览。游览过程中有两位游客要去洗手间，小孙指明方向后让游客自己去，然后继续带游客游览。结果去洗手间的游客出来后迷路了，无法联系团队，无奈自行乘坐出租车返回所住饭店并投诉，要求赔偿，理由是导游没有照顾好游客，致使发生车费损失。小孙却觉得很委屈。

请尝试分析一下，在上述案例中，小孙是否应该赔偿车费？

2. 要求代为转递物品

要求旅行社和导游人员帮助其向有关部门或亲友转递物品时，应建议游客将物品亲手交给接收部门或接收人。如确有困难，导游人员应视具体情况按相应规定和手续予以协助办理。游客要求代为转递物品的个别要求的处理方法见表 5—13。

表 5—13　　游客要求代为转递物品的处理方法

要求类别	处 理 方 法
转递信件、报纸、杂志和资料	1. 信件、报纸、杂志和资料等可提供必要协助让游客自己办理。要求转递重要资料和信件应尽量婉拒。要求转递黄色书刊、色情杂志或非法出版物时应严词拒绝，并指出这种行为是违法的 2. 如果无法拒绝，答应转递时，则要委托人出具委托书，留下必要记录（委托者和收件人详细姓名、通信地址等资料），收件人收悉后要出具收据，交旅行社保存
委托转递物品	1. 首先应婉拒委托 2. 确实有困难答应协助时，应弄清要求转递的为何种物品，如果是食品、危险物品、易燃易爆品、贵重物品或易碎品时，应坚决拒绝。如果是一般物品，应请游客出具委托书，注明物品名称和件数等详细情况，当面清点，签字并留下详细通信地址，收件人收到物品后要出具收据，并签字盖章。委托书和收据一并上交存档保管
中国出国人员或其他人员委托来华游客捎带物件	应了解委托人情况及与游客的关系，收件人情况及与委托人的关系，了解物件名称和数量等，按规定办理
要求转交物件给外国驻华使领馆及其人员	1. 建议其自行办理，给予必要的协助 2. 如确有困难不能亲自转送，导游人员可答应提供帮助，但要详细了解情况，将物件交给旅行社，由其转递，手续要完备
要求代为托运物品	1. 可告知外汇商店一般经营托运业务，如果商店无托运业务，可协助办理托运 2. 游客打算购买的商品缺货，委托代购并托运。这类要求一般应婉拒，实在推托不掉时要请示领导。一旦接受委托，应在领导指示下认真办理委托事宜，留下委托人详细资料与递送地址，收取足够的钱款（余额在事后由旅行社退还给委托人），发票、托运单及托运费收据须寄给委托人，旅行社保存复印件以备查验

案例思考

某旅游团离境时，一位游客找到地陪小李，要求将一个密封盒子转交给他的朋友，并说“这些贵重物品本来是要亲手交给我朋友的，但是他来不了，我也不方便这时去，现在只有请你帮我转交了”。小李看到游客要离境了，为了不使游客为难，就接受了委托并事后认真地亲自将盒子转交给了游客指定的朋友。可是三个月以后，这名游客来电询问小李，为什么没有将物品转递。当旅行社调查此事时，小李说已经转交并详细说明经过。旅行社领导严肃地批评了小李。

请尝试分析一下，在上述案例中，小李的行为是否正确？旅行社领导批评小李是否正确？

五、其他个别要求

在旅游过程中，游客除了餐饮、住宿、购物、娱乐、自由活动和代为转递物品的要求外，还因个人需要有着其他方面的要求，导游人员应本着个别要求处理的原则为游客分忧解难，尽量让游客满意。

1．要求提前退团

要求中途退团的情况不多见。当游客要求提前结束行程离开，导游人员必须立即报告接待方旅行社，由其视具体情况做出决定与处理，在领导指示下做些具体工作协助游客。游客提前退团的原因及处理方法见表5—14。

提示：一般来说，游客无论因何种原因要求提前离开，导游人员都要在领导指示下协助办理诸如分离签证、重订交通票据、确定机座及其他离团手续，费用由游客自理。

表5—14　　要求提前退团的处理方法

提前退团原因	处理方法与解决途径
服务太差，存在严重缺陷，一再交涉仍无起色等	立即同领导联系，请求指示，同时做好补救工作，将影响减少到最小。避免因投诉甚至诉诸法院而造成声誉与利益损失
发生了重大天灾人祸	应立即同领导联系，请求指示，做好善后事宜，团费方面的问题由对接旅行社协议处理
游客患病，或是家中出事，或是因工作需要返回	应由领队、组团旅行社与游客自行协商，如经同意，可允许提前离团，至于未享受的服务是否退款需视合同或协商而定
游客毫无特殊原因，只是情绪波动或是个人要求得不到满足而不愿继续	应配合领队做说服工作。如属接待社责任，则应设法弥补；如属无理要求，要做耐心解释与说明，劝说无效而执意要求退团时，可满足其要求，但应告知未享受的综合服务费不予退还

2. 要求延长旅游期

被迫或主动要求延长旅游期的特殊要求不是导游人员所能解决的，应该同旅行社及时联系，反映情况，获得指示，妥善安排好相关事宜。要求延长旅游期的原因及处理方法见表 5—15。

提示：旅游团离开以后，留下的游客如果继续需要旅行社为其提供导游等服务，就应另签合同协议，一般可视为散客处理。

表 5—15　　要求延长旅游期的处理方法

原因类别	处理方法
因伤、因病	不仅要为其办理有关手续，之后还要前往医院探视，以示关心，并协助解决伤病者及其家属在生活上的困难
余兴未尽，希望继续游览	一般可满足要求；但注意如果是外国游客，其继续逗留需要延长签证，原则上应婉拒
特殊原因需要留下	应请示旅行社，然后提供必要的帮助。协助外国游客持旅行社的证明、护照及集体签证办理分离签证和延长签证手续，协助重订航班、机座、饭店食宿等，费用由游客自理

课堂讨论

某旅行社地陪小周在带团游览九寨沟完毕后，准备第二天送游客坐火车离开本地。当天晚上，有两个游客告诉小周，他们希望不随团队返回，继续去乐山游玩，并声明其第二天返回的交通票据损失自行承担。

假如你是小周，你在得知此事后应该如何妥善处理与解决？

3. 要求探访

游客到达某地后，希望探望在当地的亲友或非亲非故人员，这也可能是其到某地旅游的目的之一。当游客提出此类要求时，导游人员应设法予以满足。游客要求探访的处理方法见表 5—16。

表 5—16　　游客要求探访的处理方法

要求类别	处理方法与解决途径
知道亲友的姓名、地址	应协助联系，对游客讲明具体乘车路线，尽量做到不影响后续行程活动，同时提醒相关注意事项
只知亲友姓名或某些线索，但地址不详	可通过公安户籍部门帮助寻找，找到后及时告诉游客；如果在旅游期间没找到，可请游客留下联系方式，待找到后通知他
探访的是非亲非故的人员或是别人介绍的人员	应该视情况处理。可以根据提供的资料线索进行联系，经对方同意后协助会见

续表

要求类别	处理方法与解决途径
会见同行洽谈业务、联系工作、捐款捐物或进行其他正当合法的活动	应向旅行社进行汇报，在领导指示下给予积极协助
慕名求访某位名人	应了解游客会见的目的并向领导汇报，按相关规定办理
国外游客要求会见在华外国人或驻华使领馆人员	不应干预。视情况请示领导，经批准后可给予帮助与协助。不参加外国人之间的会见，对于外国游客邀请导游人员参加使领馆举行的活动应婉拒，如果盛情难却则须请示领导，批准后方可前往

课堂讨论

某旅行社地陪小钱在带团游览过程中，有一位游客告诉小钱，他的伯父现在开车来接他吃饭并且当晚在他伯父家住宿，因此要求暂时中止旅游，同他伯父一起离开，第二天随旅游团一起活动。

假如你是小钱，在得知此事后会如何处理？

4．要求亲友随团活动

游客要求其亲友随团活动甚至到外地去旅行游览，导游人员应根据不同情况处理此类要求。

被邀请一起随团活动的人员其身份如果是记者，应婉言拒绝。如果是外国外交官员随团活动，首先要严格遵守我国政府的有关规定，其次要请示旅行社领导，最后还要征得领队和旅游团其他游客的同意，然后严格按我国政府的有关规定办理。

对于游客的在华亲友随团活动，如无特殊情况，应征得领队和旅游团其他游客的同意。然后导游人员应与旅行社联系，陪同其到旅行社办理入团手续。

课堂讨论

某旅行社地陪小马在黄金周期间带团游览，有一位游客告诉小马，希望能够去看望在本地上学的表妹，并想让他表妹一同参加该旅游团进行游玩。

假如你是小马，在得知此事后会如何处理？

5．对旅游团其他游客或导游人员苛求

有些游客来自经济较为发达的区域，生活环境和旅游条件较为优越，常常自觉或不自觉地流露出优越感和傲慢情绪。对团队内别的游客、旅游接待设施条件或是导游人员及其导游服务十分挑剔，一意苛求。对此，导游人员应本着“宾客至上”的原则，采取正确的态度，耐心仔细地做好解说工作。

即使游客处处苛求，导游人员仍应态度可亲、情绪饱满，尽最大可能做好导游服务，以取得大多数人的理解和支持。同时耐心听取苛求者的意见和建议，从中吸取合理成分，尽量改善工作中的不足之外，对某些不合理、也不可能做到的要求应耐心解释说明，做到以理服人、以情动人，不可简单生硬地草率对待，更不可以硬碰硬，激化矛盾。

如果是旅游团内的游客对其他游客有所苛求，应请领队或团队中比较有威望的游客进行协调处理，同时在今后的行程安排中多加注意，尽量进行分别安排，避免双方矛盾激化，产生不必要的冲突。

课堂讨论

如果游客的苛求严重影响全团活动，导游人员应如何处理？

6. 要求投诉

在实际工作中，游客在向旅游行政管理部门提出投诉前，通常先向导游人员进行口头投诉。提出投诉的原因是多种多样的，其心理活动也是复杂多样的。导游人员应了解投诉心理，即使成为被投诉者，也应根据其投诉原因，积极配合有关部门合情、合理、合法地处理好投诉。

知识链接

《旅游投诉暂行规定》中就游客的投诉行为作出了明确的规定："旅游投诉是旅游者、海外旅行商、国内旅游经营者为维护自己和他人的旅游合法权益，对损害其合法权益的旅游经营者和有关单位以书面或口头形式向旅游行政管理部门提出投诉，请求处理的行为。"

接到投诉时，导游人员必须引起高度重视，认真对待，正确处理。处理投诉的具体步骤见表5—17。

表5—17　投诉处理的具体步骤

步骤	要点内容与注意事项
仔细倾听，保持冷静，切勿打扰	沟通时避免旁人参与进来。耐心倾听陈述，保持冷静，不要立即辩解或马上否定，更不得发生争吵，满足其发泄的心理需求
用平和的语气道歉	无论何种原因，投诉都会占用游客的时间和引起情绪波动，也表明服务尚未到位。对此，无论投诉是否成立，都要表示歉意
表示理解，承诺追查事情真相	倾听陈述后迅速作出判断，或向旅行社及有关领导汇报，认真调查，客观分析原因是否属实，分析性质与原因，追查事情真相

续表

步骤	要点内容与注意事项
询问以示理解问题的真正所在，做好投诉记录	投诉过程也是一个双方交流的过程，适时询问，表明态度，找到问题出现的原因，弄清事实，分清责任
找出和确认真正所需	投诉要么要求发泄，要么要求赔偿。弄清目的，针对性解决
交流协调，解释所能或不能做到的	核实投诉内容后，首先向其表示歉意。设法与有关部门商定弥补方案，对服务缺陷进行弥补，或对服务内容进行更换，或进行经济赔偿，并将方案告知投诉者，力求消除其顾虑和不快
仔细地讨论别的选择	如果要求不能满足或是提出来的解决办法不能让其满意，需仔细商量别的解决之道
采取行动，迅速答复	针对投诉的问题达成解决办法以后，应迅速做出答复，并及时采取解决措施以兑现承诺。如果无法当场答复，则应明确答复时间，不可借机拖延，不了了之
检查和落实处理结果	确认游客的满意程度，听取反馈意见和建议，如果仍然不满意，则重复上述步骤，直到游客满意为止。妥善处理投诉，圆满解决问题以后，应表示谢意，感谢信任、谅解和合作，继续服务
建立档案，积极改进，加强管理，防止重犯	对投诉内容及处理办法等情况都应记录在案，以备核查。与此同时，对游客投诉的管理薄弱环节进行积极的改进

思考与练习

1．游客个别要求处理的原则有哪些？

2．游客丢失了证件应该怎样处理？

3．因交通工具出现故障或天气原因，游客临时更换其他航班（车次、船次）滞后抵达造成旅行社空接事故，应如何进行责任处理？

4．旅游计划和日程变更的原因归纳起来主要有哪些？

第六章

导游服务相关知识

chapter 6

导游人员为游客提供的服务涉及为游客代办入出境手续，境外货币兑换、旅游产品的购买、游客人身安全保障等多种服务，业务范围非常广泛。只有掌握了入出境管理、旅游交通及旅游保险、货币等相关知识，为以后的工作实践打下良好的基础，才能更好地完成导游服务。

学习目标

- 学习和掌握与导游人员工作紧密联系的业务常识，如交通、入出境、货币和保险知识等
- 了解旅游相关的背景知识和国家有关旅游政策法规，从而使导游人员具备解决相关问题的能力

第一节 入出境知识

一、入出境应持有的有效证件

有效证件是指各国政府为其公民依据申请颁发的出国证件。外国人、华侨、港澳台同胞及中国公民应持有效证件入出境。

在我国，常见的入出境证件包括以下五类。

1. 护照

护照是一国主管机关发给本国公民出国或在国外的证明，证明其国籍和身份，一般分为外交、公务和普通护照三种。在我国，外交、公务护照由政府外事部门颁发，普通护照由公安部门颁发。中华人民共和国护照的有效期一般为 5 年，可延期两次，每次不超过 5 年，华侨可在有效期满前向中国驻外使领馆或外交部授权的驻外机构提出延期申请。

2. 签证

签证是由被访问国家驻外国领事机构在持护照人申请去该国访问时，在申请人的护照上签注盖印，表示准其入出该国国境或者过境的手续。华侨回国探亲、旅游无须办理签证。

希望进入中国的外国人须持有效护照向中国的外交代表机关、领事机关或外交部授权的其他驻外机关申请办理签证。但在特定情况下，例如，事由紧急，确实来不及在上述机关办理签证手续者，可向公安部授权的口岸签证机关申请办理签证。随着国际关系和旅游事业的发展，许多国家之间签订了互免签证协议。

知识链接

签证的种类分为：外交签证、礼遇签证、公务签证、普通签证，还可分入境签证、出境签证和过境签证。在中国为 L 字签证（发给来中国旅游、探亲或因其他事务入境的人员）。签证上规定持证人在中国停留的起止日期，获签证者必须在有效期进入中国境内，超期不再有效。9 人以上的旅游团体可发给团体签证，团体签证一式三份，签发机关一份，来华旅游团两份，一份用于入境，一份用于出境。

3．旅行证

旅行证是旅游者所在国驻外的外交代表机关、领事机关或外交部授权的其他驻外机关颁发。我国公民所持旅行证件分为一年一次有效和两年多次有效两种，由持证人妥善保管。

4．港澳居民来往内地通行证

港澳居民来往内地通行证是港澳同胞来往于中国香港、澳门与内地之间的证件，由广东省公安厅签发，有效期 10 年。另外，入出境通行证也由广东省公安厅签发，有效期为 5 年。

5．台湾同胞旅行证明

台湾同胞旅行证明是台湾同胞来祖国大陆探亲、旅游的证件，经口岸边防检查站查验并加盖验讫章后，即可作为进出大陆和在内地旅行的身份证明。该证由我国公安部委托香港中国旅行社签发，证明为一次性有效，出境时由口岸边防检查站收回。

二、入出境管理

1．入境管理

（1）入境手续

外国人、华侨、港澳台同胞及中国公民自海外入境和回国，均须在指定的口岸向边防检查站（由公安、海关、卫生检疫三部门组成）交验有效证件，经边防检查站查验核准加盖验讫章后方可入境。

（2）入境规定

1）外国人具备下列几种情况不准入境：

①被中国政府驱逐出境，未满不准入境年限的。

②被认为入境后可能进行恐怖、暴力、颠覆活动的。

③被认为入境后可能进行走私、贩毒、卖淫活动的。

④患有精神病和麻风病、艾滋病、性病、开放性肺结核等传染病的。

⑤不能保障其在中国所需费用的。

⑥认为入境后可能进行危害我国国家安全和利益的其他活动的。

2）对以下人士，边防检查站有权阻止入境：

①未持有效护照、证件或签证的。

②持伪造、涂改或他人护照、证件的。

③拒绝接受查验证件的。

④公安部或者国家安全部通知不准入境的。

2．出境管理

（1）出境手续

外国游客应当在签证准予停留的期限内从指定口岸、持有效证件出境。外国游客出境，须向口岸边防检查站交验有效护照或者其他有效证件：

1）旅游团领队须事先收齐全团游客的物品申报单，持全团集体签证（无集体签证时先收齐全团的护照）、领队的护照、国际机票（车票、船票），到海关处交付检查。海关检查后，须在申报表上盖章，机票上盖上检查标记。

2）旅游团领队持有海关检查标记的国际机票，到行李托运处办理行李过秤托运手续，领取行李牌、登机牌等。

3）游客填写出境登记卡片，填好后，将卡片夹在各自的护照里。当领队办好托运行李手续后，将登机牌发到游客手中，全团游客便可到出境口准备办理最后一道手续——边防检查站检查。出境前，领队将全部护照（港澳居民来往内地通行证、台湾同胞旅行证明）和申请单交给边防站查验。

（2）出境规定

1）下列几种人不准出境：

①刑事案件的被告人和公安机关或者人民检察院或者法院认定的犯罪嫌疑人。

②人民法院通知有未了结民事案件不能离境的。

③有其他违反中国法律的行为尚未处理，经有关主管机关认定需要追究的。

2）下列人士，边防检查机关有权限制出境：

①持无效出境证件的。

②持伪造、涂改或他人护照、证件的。

③拒绝接受查验证件的。

三、海关手续

根据《中华人民共和国海关法》和《中华人民共和国海关对进出境旅客行李物品监管办法》的规定，进出境旅客行李物品必须通过设有海关的地点入境或出境，按规定向海关申报，接受海关监管。

1．旅客行李物品

进出境旅客行李物品应交由海关按规定查验放行。海关验放进出境旅客行李物品，以自用合理数量为原则，对不同类型的旅客行李物品规定不同的范围和征免税限量和限值。

2．海关通道

海关实施双通道的海关现场，进出境旅客可按海关规定，根据自行情况选择“红色通道”或者“绿色通道”过关，分类情况见表6—1。

3．注意事项

（1）经海关验核签章的申报单证请妥善保管，以便回程进境时凭此办理有关手续。

（2）海关加封的行李物品，请不要擅自开拆或毁损封条。

表 6—1　　海关通道的分类

海关通道	要　点
红色通道	旅客进出境携带有需向海关申报的物品，应选择"申报"通道，在申报台前向海关递交《中华人民共和国海关进出境旅客行李物品申报单》或海关规定的申报单证，按规定如实申报行李物品，报请海关办理行李物品进出境手续
绿色通道	是持有中国主管部门给予外交、礼遇签证护照的外国籍人员及海关给予免检礼遇的人员的通道；携带无需向海关申报的物品的旅客，可选择"无申报"通道

4．部分限制进出境物品

（1）烟酒

1）对来往港澳地区的旅客的要求。来往港澳地区的旅客是指港澳旅客和内地因私前往港澳地区探亲和旅游等旅客。对于此类旅客，免税烟草制品限量：香烟 200 支或雪茄 50 支或烟丝 250 克；免税 12 度以上酒精饮料限量：酒 1 瓶（不超过 0.75 升）。

2）对当天往返或短期内多次来往港澳地区的旅客的要求。对于此类游客，免税烟草制品限量：香烟 40 支或雪茄 5 支或烟丝 40 克；免税 12 度以上酒精饮料限量：不准免税带进。

3）对其他进境旅客的要求。对于此类游客，免税烟草制品限量：香烟 400 支或雪茄 100 支或烟丝 500 克；免税 12 度以上酒精饮料限量：酒 2 瓶（不超过 1.5 升）。

（2）旅行自用物品

非居民旅客及持有前往国家或地区再入境签证的居民旅客携带旅行自用物品限照相机、便携式收录音机、小型摄影机、手提式摄录机、手提式文字处理机每种一件。超出范围的需向海关如实申报，并办理有关手续。经海关放行的旅行自用物品，旅客应在回程时复带出境。

（3）金、银及其制品

旅客携带金、银及其制品进境应以自用合理数量为限，其中超过 50 克的应填写申报单证，向海关申报；复带出境时，海关凭本次进境申报的数量核放。

携带或托运出境在中国境内购买的金、银及其制品（包括镶嵌饰品、器皿等新工艺品），海关凭中国人民银行制发的"特种发票"放行。

（4）外汇

旅客携带外币、旅行支票、信用证等进境，数量不受限制。居民旅客携带 1 000 美元（非居民旅客 5 000 美元）以上或等值的其他外币现钞进境，须向海关如实申报；复带出境时，海关凭本次进境申报的数额核实。

（5）人民币

旅客携带人民币进出境，限额为 6 000 元，超出 6 000 元的不准进出境。

（6）文物（含已故现代著名书画家的作品）

旅客携带文物进境，如需复带出境，请向海关详细报明。旅客携运出境的文物，须经中国文化行政管理部门鉴定。携运文物出境时，必须向海关详细申报。对在境内商店购买的文物，海关凭中国文化行政管理部门盖的鉴定标志及文物外销发票查验放行；对在境内通过其他途径得到的文物，海关凭中国文化行政管理部门加盖的鉴定标志及开具的许可出口证明查验放行；未经鉴定的文物，不能携带出境。携带文物出境，不依据事实向海关申报的，海关将依法处理。

（7）中药材、中成药

旅客携带中药材、中成药出境，前往国外的，总值限人民币 300 元；前往港澳地区的，总值限人民币 150 元；寄往国外的中药材、中成药，总值限人民币 200 元；寄往港澳地区的，总值限人民币 100 元。进境旅客出境时携带用外汇购买的、数量合理的自用中药材、中成药，海关凭有关发票和外汇兑换水单放行。麝香以及超出上述规定限值的中药材、中成药不准出境。

（8）旅游商品

进境旅客出境时携带用外汇在我国境内购买的旅游纪念品、工艺品，除国家规定应申领出口许可证或应征出口税的品种外，海关凭有关发票和外汇兑换水单放行。

四、边防检查、安全检查、卫生检疫和动植物检疫

1．边防检查

主权国家为维护国家主权和安全，禁止非法出入境，方便进出境人员和交通运输畅通，都在对外开放的港口、机场、国境车站和孔道及特许的进出口岸设立了边防检查站，对进出国境的人和物进行检查。

2．安全检查

主权国海关和边防站为保障旅游者的生命和财产安全，禁止携带武器、凶器、爆炸物品。采用通过安全门、使用磁性探测检查、搜身开箱和红外线透视等检查手段，对旅游者进行安全检查。

3．卫生检疫

游客进入旅游目的地国，应根据国境检疫机关的要求如实填报健康申明卡。传染病患者隐瞒不报，按逃避检疫论处，一经发现，禁止入境；已经入境者，让其提前出境。来自传染病疫区的人员须出示有效的有关疾病的“黄皮书”（即预防接种证书），无证者，国境卫生检疫机关将从他离开感染环境时算起实施 6 日留验。来自疫区被传染病污染或可能成为传染病传播媒介的物品，须接受卫生检疫检查和必要的卫生处理。

4．动植物检疫

主权国家为维护本国农、林、渔、牧业生产和人体的健康安全，维护国际贸易信

誉、履行国际交往义务，防止危害动植物的病、虫、草及其有害生物由外国传入本国或由本国带到国外，为此制定了动植物检疫的法律规则，检疫范围包括入出境者携带的动物、动物产品、植物、植物产品及运载动植物的交通运输工具。

课堂讨论

加强卫生检疫是否可防止传染性疾病传染？

第二节 交通知识

我国的旅游交通管理体制，主要实行国务院领导下的部门管理体制。国家旅游局、中国民航局、国家铁路局、交通运输部等旅游交通主管部门，按照“统一领导、分级管理”的原则，对旅游车船运输、民航运输、铁路运输、公路和水上运输进行部门管理。各类、各级交通运输管理部门构成我国旅游交通管理体制的综合体系，行使旅游交通管理的职能，即完成旅游交通运输和经营活动中的计划、组织、指挥、调节、监督等五项职能。

国家旅游局是国务院主管全国旅游业的直属机构，在旅游车船管理方面设置综合业务司，负责管理本行业的旅游车船业务工作，协调与民航、铁路、交通部门之间的配合工作，形成3级协调管理体制，具体分类和定义见表6—2。

表6—2 3级协调管理体制

协调管理分类	定 义
高层协调	通过国务院的有关部门对国家旅游局与民航、铁路、交通部门就运力空间配置、交通网络的布局、运价、优惠政策等问题，协商达成一致
中层协调	旅游部门与交通各部门就运输计划的协调，特别是旅游旺季，与交通部门之间就缓解交通压力的商讨
基层协调	地方旅游局与交通各部门就计划执行、客源流向、流量预报、售票等方面的协调

一、航空客运知识

我国民航管理体制分为两级管理，即中国民航局和地方民航管理局，各级民航管理部门拥有不同的职责。中国民航局是国务院主管全国民航运输行业的直属机构，下辖六个地区民航管理局：华北管理局、东北管理局、西南管理局、西北管理局、华东管理局和中南管理局，作为一级政府机构对本地区的民航运输施行行业管理。

1．订购机票

乘坐飞机旅行，旅客购买机票须出示有效证件。中国公民出示本人身份证，外国人要出示护照，台湾同胞出示台湾同胞旅行证明，港澳同胞出示回乡证。机票只限票上所列姓名的旅客使用，不得转让和涂改，否则机票无效，机票款不退。儿童（满 2 周岁至 12 周岁）按同一航班成人票价的 50% 付费，未满 2 周岁的婴儿则按同一航班成人票价 10% 付款，不另外单独占位，且每一位成人只能随行一名婴儿。

订购机票务必注意姓名、时间、地点、航班号的正确性，以免耽误行程。

2．核对机票

无论全陪、地陪，凡有涉及机票事宜，导游人员一定要仔细核对，并弄清楚是 OK 票还是 OPEN 票。

已订妥日期、航班和机座的机票称为 OK 票。持 OK 票的旅客如在该联程或回程站停留 72 小时以上，国内机票须在联程或回程航班起飞前二天中午 12 小时以前，国际机票须在 72 小时前办理座位再确认手续，否则原订座位不予保留。不定期机票称为 OPEN 票。持 OPEN 票的旅客乘机前须持机票和有效证件去民航办理订座手续。

旅客在购票后，如果要求变更航班、日期、舱位等级，应尽早与民航部门联系。民航部门会根据实际情况给予办理。旅客如在航班离站前后要求退票，则须向民航部门支付规定的退票费或误机费。

3．机票的变更和退票

购妥国内航班机票的旅客如要变更航班、日期和舱位等级，须在预订航班起飞前 48 小时提出并只能变更一次。中国国内机票持有者如要退票，须按规定视退票的时间支付一定比例的退票费，部分航空公司也按舱位和折扣率来决定收退票费的金额。特别是优惠和低折扣票一般不予变更和退票。

4．乘机

旅客须注意抵达和登机的时间，乘坐国内航班应在班机离站前 1.5 小时抵达机场，国际航班提前 2 小时抵达机场。凭机票和个人有效证件办理登机手续。航班规定在离站前 30 分钟停止办理登机手续。民航允许持票旅客每人按规定免费托运行李，头等舱客票 40 千克，公务舱客票 30 千克，经济舱客票 20 千克，旅客托运的行李必须符合托运规定。另外，旅客随身携带的物品体积不能超过 20 厘米 x40 厘米 x55 厘米，重量不超过 5 千克。

5．机场建设费

民航机场建设费是经国务院批准征收，专项用于民航机场建设的政府性基金，自 1992 年起开始征收。

从 2004 年 9 月 1 日起，财政部、中国民航总局决定将原来旅客在机场单独缴纳机场建设费办法，改为旅客在购买机票时一并缴纳。

机场建设费的具体标准为：国内航班每人 50 元人民币；国际和港澳地区航班为每人 90 元人民币（含旅游发展基金每人 20 元人民币），乘坐国内支线航班为每人 10 元人民币，12 周岁或 12 周岁以下的儿童和持外交护照乘坐国际及港澳地区航班出境旅客可免收机场建设费。

新的机场建设费以航段为计收基础，原 8 小时内转机免收机场建设费的中转旅客，从 2004 年 9 月 1 日须购买一份中转机场的机场建设费。

二、铁路客运知识

目前我国铁路运输实行国家铁路局、铁路局、铁路分局、基层站等 4 级管理体制。按照《中华人民共和国铁路法》第三条规定，国务院铁路主管部门主管全国铁路工作，对国家铁路实行高度集中、统一指挥的运输管理体制，对地方铁路、专用铁路和铁路专用线进行指导、协调、监管和帮助。

1. 车票

车票中包括客票和附加票两部分。客票部分为软座、硬座。附加票分为加快票、卧铺票、空调票。附加票是客票的补充部分，除儿童外，不能单独使用。

铁路部门一般不接受儿童单独旅行（乘火车通学学生和承运人同意在旅途中监护的除外）。随同成人旅行身高 1.2 ~ 1.5 米的儿童，可购半价儿童票，每一成人旅客可以免费携带一名身高不足 1.1 米的儿童，超过一名时，超过人数应买儿童票。

20 人以上乘车日期、车次、到站、座别相同的旅客可作为团体旅客，承运人可优先安排。

2. 站台票

到站台上迎送旅客的人员应买站台票。站台票当日使用一次有效。对经常进站接送旅客的单位，车站可根据需要发售定期站台票。随同成人进站身高不足 1.1 米的儿童及特殊情况经车站同意进站人员可不买站台票。未经车站同意无站台票进站时，加倍补收站台票款。遇特殊情况，站长可决定暂停发售站台票。

3. 变更

（1）在原车票开车前 48 小时以上，旅客可任意选择有余票的列车。已取得纸质车票的，可在车站指定售票窗口办理；未换取纸质车票的，也可在 12306 网站办理。

（2）办理“变更到站”不收取手续费。

（3）“变更到站”只办理一次。已经办理“变更到站”的车票，不再办理改签。对已改签车票、团体票及通票暂不提供此项服务。

（4）办理“变更到站”时，新车票票价高于原车票的，补收差额；新车票票价低于原车票的，退还差额，对差额部分核收退票费并执行现行退票费标准。

（5）办理“车票改签”时（即到站不变），新车票票价高于原车票的，补收差额；新车票票价低于原车票的，退还差额，同样对差额部分核收退票费并执行现行退票费标准。

知识链接

车票预售期延长到60天后，铁路部门推出了开车前15天以上退票不收退票费的便民措施，受到了广大旅客的欢迎。但少数囤票者利用这一便民措施改签车票，占用客票资源，影响了其他旅客正常购票。为了维护公平购票环境，自2015年6月10日起，对开车前48小时～15天期间内，改签或变更到站至距开车15天以上的其他列车，或在距开车15天前退票的，仍核收5%的退票费。因紧急情况短期内改签退票的不受影响，仍然不收退票费。因特殊情况未赶上所购车票列车的，也依然可以在开车后改签票面乘车日期当日有余票的其他列车。

4．丢失车票

旅客丢失车票应另行购票。在列车上应自丢失站起（不能判明时从列车始发站起）补收票价，核收手续费。旅客在补票后又找到原票时，列车长应编制客运记录交旅客，作为在到站时向车站要求退还后补票价的依据。

5．退票

（1）开车前15天（不含）以上退票的，不收取退票费；票面乘车站开车时间前48小时以上的按票价5%计，24小时以上、不足48小时的按票价10%计，不足24小时的按票价20%计。

（2）开车前48小时～15天期间内，改签或变更到站至距开车15天以上的其他列车，又在距开车15天前退票的，仍核收5%的退票费。

（3）办理车票改签或“变更到站”时，新车票票价低于原车票的，退还差额，对差额部分核收退票费并执行现行退票费标准。

（4）改签后的车票乘车日期在春运期间的，退票时一律按开车时间前不足24小时标准核收退票费。

6．携带品

旅客携带品每人免费携带的重量和体积是：儿童（含免费儿童）10千克，外交人员35千克，其他旅客20千克。每件物品外部尺寸长、宽、高之和不能超过160厘米，杆状物品不超过200厘米，重量不超过20千克。残疾人旅行时代步的折叠式轮椅可免费携带并不计上述范围。

7．铁路列车的种类

按行驶区域分成国际和国内旅客列车两种；按行驶速度分为普快、直快、特快、旅游列车等类型；按车辆内座位和设施分为硬席、软席、硬卧、软卧等级别。

三、公路客运知识

我国的公路运输实行国家交通运输部、省交通运输厅、市交通运输局、县交通运输局和乡交通运输站5级管理体制。

公路交通服务是指旅行社为游客提供的以汽车为交通工具的旅游交通服务方式，主要适合于市内游览和近距离旅游目的地之间的旅行。另外，在一些民航交通和铁路交通欠发达的内陆地区，公路客运交通则成为主要旅游交通方式。

1．公路交通的优缺点

公路交通的最大优点是方便。我国公路顺畅，旅游者能够乘汽车前往任何有公路的旅游景点参观游览。另外，旅游者乘坐汽车旅行时可以顺便在途中游览当地的景点。

公路交通的缺点也比较明显：乘坐汽车旅行的速度和活动范围受到一定的限制，汽车运载的旅游客数有限，汽车的安全性能差，易造成空气污染和噪声污染。

2．公路客运的购票与退票

（1）享受半票优惠

根据交通运输部有关规定，享受半票的对象有两类：一是身高在1.1～1.4米间的儿童，超出1.4米的儿童须购买全票。持一张全票的旅客可以免费携带一名身高1.1米以下的儿童，但不提供座位。二是革命伤残军人，但需凭民政部门颁发的革命伤残军人抚恤证购买。

（2）旅客退票

旅客退票应在当次班车规定开车时间2小时前办理，最迟在开车后1小时内办理。开车1小时后及车上发售的客票和签证改乘的客票均不办理退票。旅客退票，按以下规定收取退票费：班车开车时间2小时前办理退票，按票面额10%收取退票费；2小时内办理退票按票面额20%收取退票费；班车开车1小时以内办理退票，按票面额50%收取退票费。

四、水运客运知识

水运实行交通运输部和所在城市双重领导，以地方为主的管理体制。

乘船旅行因价格低廉受旅游者喜爱。我国的水路交通分为沿海航运和内河航运两类。近年来，我国内河游轮发展迅速，为游客的水路旅游创造了较为便利的条件。

1．客轮的舱室分类

客轮的舱室一般分为五等：一等舱（软卧，1～2人）、二等舱（软卧，2～4人）、三等舱（硬卧，4～8人）、四等舱（硬卧，8～24人）、五等舱（硬卧），还有散席（包括座席）。豪华客轮设有特等舱（由软卧卧室、休息室、卫生间等组成），其服务条件类似于星级饭店。

2. 船票

船票分普通船票和加快船票，又分为成人票、儿童票（1.1 ~ 1.4 米的儿童）和伤残军人优惠票。

退票必须在开船前办理，并收取收退票费。30 人以上的团体票，须在开船 4 小时前办理；已办理托运的，先办理行李、包裹取消或变更托运手续后才能退票。

旅客在乘船前丢失船票，应另行购票；上船后旅客丢失船票，如能提出足够的证明，经确认后无须补票；无法证明时，按有关规定处理。

3. 行李

乘坐沿海和长江客轮，持全价票的旅客可随身携带免费行李 30 千克，持半价票者、免费儿童 15 千克；每件行李的体积不得超过 0.2 立方米，长度不超过 1.5 米，重量不超过 30 千克。乘坐其他内河客轮，免费携带的行李分别为 20 千克和 10 千克。

4. 禁止携带物品

下列物品不准携带上船：法令限制运输的物品，有臭味、恶腥味的物品，能损坏、污染船舶和妨碍其他旅客的物品，爆炸品、易燃品、自燃品、腐蚀性物品、有毒物品、杀伤性物品及放射性物质。

课堂讨论

比较下航空、水运、客运之间的差别。

第三节　货币、保险知识

一、货币知识

1. 外汇

（1）外汇

外汇是指以外币表示的可用于国际结算的一种支付手段，它包括外国货币、外币有价证券、外币支付凭证以及其他外汇资金。

知识链接

中国对外汇实行由国家集中管理、统一经营的方针。在中国境内，禁止外汇流通、使用、滞押，禁止私自买卖外汇，禁止以任何形式进行套汇、炒汇、逃汇。外国游客来华带入的外汇没有限制，但入境时必须据实申报；在中国境内，游客可持外汇到中国银行及各兑换点兑换成人民币，并且要保存好银行出具的外汇兑换证明。

我国外汇管理的基本内容主要包括如下五个方面：

1）实行外汇收入结汇制，取消外汇分成。

2）实行银行售汇制，允许人民币在经常项目下有条件兑换。

3）建立银行间的外汇市场，改进汇率形成机制，保持合理及相对稳定的人民币汇率。

4）建立偿债基金制度，确保国家对外信誉。

5）取消境内外币计价结算，禁止外币在境内流通。

对于上述“取消境内外币计价结算，禁止外币在境内流通”，外汇管理条例明确指出：“交通运输、邮电、通信、旅游、保险等行业提供服务和政府机构往来取得的外汇”必须全部结售给外汇指定银行办理。严禁任何单位和个人，以任何方式套汇、逃汇。

（2）外币兑换的有关规定

外国游客所带的旅费大多是外国货币或旅行支票，我国旅游企业在为他们提供旅游服务，收取旅游服务费用时，应将外币兑换成人民币进行结算。例如，旅游饭店为方便游客，受中国人民银行委托，根据国家外汇管理局公布的外汇牌价，代办外币兑换服务业务。有的旅游饭店直接由所在地的中国银行派出机构设立兑换点。这就要求旅游企业财务人员或收银员在收兑外币时，要熟悉各国货币的不同式样，熟记各个国家不同货币的面额，以及有关货币兑换规定，同时，应根据外币的图案、花纹、纸质、印刷等特征，鉴别其真伪，防止误收伪币与停止流通的货币，给企业带来不可弥补的损失。

1）外国货币现钞。根据国家规定，目前柜台可提供多达32种货币兑换，包括美元（见图6—1）、英镑（见图6—2）、欧元（见图6—3）、港币、新加坡元、日元（见图6—4）、加拿大元、澳大利亚元、瑞士法郎、瑞典克朗、丹麦克朗、挪威克朗、澳门元、新台币、新西兰元、菲律宾比索、泰国铢、韩元、俄罗斯卢布、印尼卢比、印度卢比、巴西里亚尔、阿联酋迪拉姆、南非兰特、哈萨克斯坦坚戈、越南盾、柬埔寨瑞尔、蒙古图格里克、尼泊尔卢比、马来西亚林吉特、巴基斯坦卢比、文莱元。

图 6—1　美元

图 6—2　英镑

图 6—3　欧元

图 6—4　日元

2）旅游饭店收兑外币一般程序。旅游饭店受中国银行委托，代办外汇兑换业务，由中国银行按其业务量大小拨给定额周转金，饭店前台收款处兑换点则每天定时将所有外币、银行支票及有关外币兑换凭证送交中国银行，换回等额的周转金，在实际操作中，也可由代兑饭店垫付后，再向中国银行办理清算。旅游饭店在收兑外币时，应遵循以下程序和要求，见表6—3。

表6—3　兑换程序及具体要求

兑换程序	具体要求
明确要求	导游人员应首先弄清游客的兑换要求
清点钞票	清点、查收游客需要兑换的外币及金额
鉴别钞票	使用货币识别机鉴别钞票真伪，并检查所要求兑换的外币是否属于现行可兑换的外币范围
填写水单	查清当日牌价，准确换算，并将外币名称、金额、兑换率和应兑金额填写在水单的相应的栏目内
游客签名	游客需在水单上签名，兑单一联交银行，二联交游客，三联为存根
支付款项	经检查复核无误后，将兑换的款额支付给游客
兑单保管	保存好兑单，以备查验

2．信用卡

（1）信用卡的概念

信用卡是指银行或信用卡公司为提供消费信用而发给客户在指定地点支取现金、购买期货或支付劳务费用的信用凭证，实际上是一种分期付款的消费者信贷。国际上有五大信用卡品牌，维萨国际组织（VISA International）（见图6—5）、万事达卡国际组织（MasterCard International）（见图6—6）及美国运通国际股份有限公司（America Express）（见图6—7）、大莱信用卡有限公司（Diners Club）、JCB日本国际信用卡公司（JCB）五家专业信用卡公司。在各地区还有一些地区性的信用卡组织，如中国银联（见图6—8）、中国台湾地区的联合信用卡中心等。

图6—5　维萨卡标识

图6—6　万事达卡标识

图6—7　运通卡标识

图6—8　中国银联标识

（2）信用卡的特点

1）先消费后付款。信用卡作为由银行或者信用卡公司提供的一种消费信贷方式，是一种供游客赊购的信用凭证。持卡人可凭借该卡在指定的商店、旅游饭店、旅行社、公司等进行消费，有些还可以向发卡银行或者其联行、代理支行预支小额现金先行消费。

2）易携带，使用方便。信用卡的形状与一般的名片相似，由硬塑料制成，容易携带。使用信用卡结算可以减少游客途中的现金携带量，对旅游者而言非常安全。同时，持卡人可在同城或者异地凭卡支取现金、转账结算和信用消费等，使用非常方便。

（3）信用卡的种类

1）外国信用卡。信用卡在国外是一种较为普遍的信用工具，种类较多。为了方便国际旅游者来华旅游，从 1981 年 4 月起，中国银行先后与一些国家和地区的代理行签订协议，代兑他们的信用卡。

2）人民币信用卡。我国信用卡业务仍处于发展阶段。目前我国信用卡有中国银行在全国发行的长城卡，中国工商银行的牡丹卡、浦江卡，中国农业银行的金穗卡，中国交通银行的万达卡等。每种信用卡又可以分为若干种，如中国银行开办的长城卡有人民币长城信用卡和外汇长城信用卡，人民币长城信用卡又有公司卡和个人卡之分。

（4）信用卡内容

尽管信用卡的名称各异、种类多，但都具有共同的内容。

1）信用卡正面印有信用卡图案、发卡银行（机构）名称和信用卡名称，并加印信用卡专用标志或防伪暗记，如牡丹卡是以大写“M”为图案标志。

2）由发卡银行（机构）将发卡银行代号、信用卡号码、持卡人姓名、有效期限等内容，用打卡机在信用卡上压成凸起的字码。

3）持卡人在信用卡背面预留签字，供收兑人核对持卡人在签购单上的即席签字与预留签字是否一致。

4）信用卡背面印有发卡银行的简单声明。

二、保险知识

当今社会，旅游业已发展成一个十分重要的产业，但是旅游活动中会存在各种风险，为降低旅游风险，更好地维护游客和旅游经营者的利益，旅游保险应运而生。

1. 旅游保险

旅游保险是指投保人根据合同的约定，向保险人支付保险费，保险人对于合同约定的在旅游活动中可能发生的事故所造成的财产损失承担赔偿保险金的责任，或者当被保险人在旅游活动中死亡、伤残、疾病时承担赔偿保险金责任的商业保险行为。旅游保险主要涉及的是旅游意外保险。

2. 旅游意外保险制度

旅游意外保险制度所称的旅游意外保险是指旅行社在组织团队旅游时，为保护游客利益，代游客向保险公司支付保险费，一旦游客在旅游期间发生意外事故，按合同约定由承保保险公司向旅游者支付保险金的保险行为。在中国境内的旅行社，办理旅游意外保险，都应遵守《旅行社办理旅游意外保险暂行规定》。

（1）旅游意外保险的赔偿范围

旅行社组织团队旅游，必须为游客办理旅游意外保险。其保险的赔偿范围应包括游客在旅游期间发生意外事故而引起的下列赔偿：①人身伤亡、急性病死亡引起的赔偿；②受伤和急性病治疗支出的医疗费；③死亡处理或遗体遣返所需的费用；④旅游者所携带的行李物品丢失、损坏或被盗所需的赔偿；⑤第三者责任引起的赔偿。

入境旅游、国内旅游、出境旅游的旅游意外保险中上述各项赔偿的比例，由旅行社与承保的保险公司商定。

（2）保险期限及保险金额

1）保险期限。旅行社组织的入境旅游，保险期限从旅游者入境后参加旅行社安排的旅游行程时开始，直至该旅游行程结束，办理完出境手续后出境为止。国内旅游、出境旅游，保险期限从游客约定的时间登上由旅行社安排的交通工具开始，直至该次旅行结束离开旅行社安排的交通工具为止。游客自行终止旅行社安排的旅行行程，其保险期限至其终止旅行行程的时间为止。

2）保险金额。旅行社为游客办理的旅游意外保险金额不得低于以下基本标准：①入境旅游，每位游客 30 万元人民币；②出境旅游，每位游客 30 万元人民币；③国内旅游，每位游客 10 万元人民币；④一日游（含入境旅游、出境旅游与国内旅游），每位游客 3 万元人民币。旅行社开展登山、狩猎、漂流、汽车及摩托车拉力赛等特种旅游项目，可在上述金额基本标准上，按照该项目的风险程度，与保险公司商定保险金额。

（3）保险手续

1）保险条款。旅行社组织团队旅游，在与旅游者签订的合同中，应当明确以下保险条款：①保险费；②保险金额；③旅行社与承保保险公司商定的各项旅游意外事故的赔偿比例。

2）投保手续。旅行社办理意外保险，必须在境内保险公司办理。其投保手续应由组团社负责一次性办理，接团社不再重复投保。

3）旅行社与保险公司之间的保险手续。组团社应按《中华人民共和国保险法》规定的保险合同内容，与承保保险公司签订《旅游意外保险合同书》，并以下列方式办理投保手续：①每组织一个旅游团队向保险公司办理一次投保手续；②以上一年度组织旅游者的人数为基础，一次性向保险公司办理本年度的投保手续。

4）有效凭证。当游客在保险有效期内发生保险责任范围内的事故时，旅行社应及时取得事故发生地公安部门、医疗部门、承保保险公司等单位的有效凭证，并由组团社同承保保险公司办理理赔事宜。对游客的小额行李物品损失的赔偿，旅行社应与承保保险公司在保险条款中作出规定；在约定数额内可由旅行社先行向旅游者垫付，旅行社凭理赔申请及损失证明与承保保险公司办理赔偿手续。

3. 旅行社责任保险制度

旅行社责任保险是指旅行社根据保险合同的约定，向保险公司支付保险费，保险公司对旅行社在从事旅游业务经营活动中，致使旅游者人身、财产遭受损害应由旅行社承担的责任，承担赔偿保险金责任的行为。

思考与练习

1. 我国各出入境口岸的边防检查站由哪些部门组成？它们的职责分别是什么？
2. 根据我国入出境的有关法规，旅游者有哪些行为不准出入境？
3. 旅游者出入境所需的有效证件有哪些？
4. 什么是外汇？